구구절절 차 이야기

차에 관한 99가지 질문과 답변

구구절절
차
이야기

최진영
이주향
이연정 지음

이른아침

책을 내며, 하나

차茶를 마신 지 20여 년이 훌쩍 넘는다. 차는 마실 때마다 모습을 달리한다. 내 마음에 따라 한 치도 벗어나지 않고 그대로를 보여주는 찻물! 참 친근하면서도 쉽게 곁을 주지 않는다. 잡다한 일들로 머리가 터질 것 같고 마음이 번다할 때면 으레 생각나는 차 한 잔! 찻상 앞에 앉으면 모든 것이 평화롭다.

이 책의 필자들은 성신여자대학교 문화산업예술대학원에서 인연因緣이 된 동문이다. 예절다도 전공 대학원으로는 최초인 이 대학원이 개설된 지 올해로 20주년이 된다. 대나무로 치면 마디 두 개가 단단히 여문 셈이다. 그냥 넘길 수 없어 다우茶友들의 이야기를 글에 담아 보자고 하였고, 마침내 뜻을 같이하게 되었다. 질문을 하는 사람이나 받는 사람 모두 절절했을 때의 그 마음으로 돌아가 추려보니, 99문항, '구구절절한 이야기'가 되겠다 싶었다.

차를 막 시작한, 아니 마셔온 지 오래 되었어도 차에 대한 정리가 막연한 다우들에게 다른 이들의 질문을 들려주는 것이 도움이 되기를 바라며 썼다. 조금은 어설프고 때론 심오한 질문들을 학술자료와 경험담으로 한데 엮었다. 우리에게는 차를 '마시자'는 다짐이요, 미지의 차인茶人들에게는 권면의 글이 되었으면 한다.

펼쳐놓았던 이야기를 오므리는 작업을 하면서 인생차가 있는지를 서로에게 물었다. 나에게 있어 인생차란? 특정 차, 어느 차류 하나가 아닌, 차와 인연되어 살아온 그 전부가 얽혀 있으니, 차는 동반자다.

차를 마셔온 세월 동안 찻그릇에 베어가는 찻물만 보았지 정작 내 오장육부에 물들었을 차심茶心은 한 번도 생각해 보지 못했다! "빈 다관을 우려도 차심이 들어

제법 차 맛을 낸다"고 하셨던 고故 안정태 선생님의 말씀을 떠올리며, '차인다운 향이 나려나?' 조심스레 묻고 싶다.

소꿉놀이하듯 차를 우려주는 재미가 더 좋았다. 차를 직職으로 삼아 입으로만 마시던 시간을 지나 업業으로 삼고 보니, 이제 좀 차 마시는 행복을 알 것 같다.

차는 과정이 되어 나를 돌아보는 시간을 주었다. 차를 마시면서 과연 내가 올바르게 살아가고 있느냐 하는 것은 항상 중요한 질문이면서도, 나만의 올바름으로 혹 자만自慢하게 될까 경계하였다. 차에 대해 깨달아갈 때 가졌던 그 첫 마음을 잃지 않고 싶다.

아직도 좋은 차란 무엇일까, 하는 가장 본질적인 질문을 가슴에 담고 나에게 말을 건넨다. '차' 한 잔 하자!

거친 말이라도 글로 써야 시간과 공간을 넘어 뜻을 같이하는 다우와 오래 공감할 수 있으리라 생각했다. 또 달리 보는 다우의 비판으로 더 나아갈 수 있을 것이다. "차 책은 내는 게 아니다"라는 문화in 구루님의 농담弄談 같은 농담濃談을 뒤로하고, 철부지 같은 질문일까 주저하던 다우들을 대신해 99가지의 질문을 던져본다.

누추한 원고를 들고 최영성崔英成 선생님을 찾아뵈었다. 흔쾌히 책을 낼 수 있도록 주선해 주셨다. 늘 감사한 마음이다. 출판을 맡아준 이른아침 김환기 사장님께도 깊은 감사를 드린다. 끝으로 구구절절한 차 이야기를 나누고 정리하며, 하나보다 둘이 낫고 둘보다 셋이 나음을 확인할 수 있는 소중한 시간이었다. 20여 년의 시간 동안 차와 함께 마주했던 모든 '도반茶伴'들에게 이 책을 바친다.

최진영

책을 내며, 둘

차를 언제부터 마시게 되었는지 시간을 거슬러 올라가 보았다. 어느 날 어머니께서 다도茶道를 시작하셨다. 다기茶器를 들고 집에서 차를 마시던 어머니. 믹스커피를 좋아하시던 어머니가 변하는 모습을 대수롭지 않게 여겼는데 어느 순간 어머니 손에 이끌려 나도 '다도'라는 것을 배우게 되었다.

사회생활을 갓 시작한 나는 퇴근 후 차실을 찾는 재미에 빠져들었다. 한복 입는 것이 좋았고 태가 곱다는 칭찬이 좋아 차 맛은 뒤로한 채 석정원에 드나들었다. 다호를 처음 받았을 때 "나도 차인?"이라는 맹랑한 감격에 빠졌던 기억이 생생하다.

성신여자대학교 문화산업대학원의 예절다도 전공에 진학하며 같이 공부하는 동기들, 그리고 새로운 차의 세계로 이끌어 주신 선생님들과 연을 맺게 되었다. 5학기라는 시간을 차와 함께 보냈지만, 가정과 육아를 핑계로 차 공부를 잠시 접어야 했다. 그 시절 차를 뒤로한 것이 지금도 후회로 남는다.

아쉬운 마음은 대학원 동기들과 함께 각자의 전공을 살려 차 교육, 전통예절 교육, 전통문화 컨설팅, 전통다과 케이터링 등의 문화사업을 추진하는 힘이 되어, '문화in'의 대표를 선뜻 수락하였다. 세상일에 배움 아닌 것이 없듯 차가 업이 된다는 경계를 넘는 과정이 녹록지 않았지만 문화in은 내 인생의 후반을 차 맛을 아는 차인으로 살아갈 수 있게 만드는 전환점이 되었다.

차를 대하는 마음가짐을 깨닫게 해주신 문화in의 구루님, 도반茶伴이 되어준 심당心堂과 함께할 수 있어 '나에게 차란 무엇인가'를 감히 적어보고자 한다.

20년을 훌쩍 넘긴 세월 동안 주변을 서성이게 만든 茶

소중한 인연으로 나를 풍성하게 해준 茶

나와 마주하게 하는 茶

입안에 침이 고이도록 마시고 싶은 茶

아직은 갈 길이 멀고 부끄럽지만

나의 모든 것을 비우게 만들어 주는 게 茶다.

다우들과 함께 작업할 수 있다는 영광 외에, 혹여 누가 되지 않을까 하는 조심스러움이 함께한다. 나를 받아주신 선생님들께, 도반이 되어준 문화in 식구들에게, 항상 함께하는 가족들에게 감사함을 전한다.

무엇보다 『구구절절 차 이야기』의 삽화로 손길을 더해준 박성혜 선생님께 지면을 빌어 다시 한번 고마움의 마음을 전한다.

다우는 스승 아닌 분이 없다는 것을 새삼 느끼고 사는 요즘, 부족하지만 용기를 보태어 본다.

이주향

책을 내며, 셋

몇 해 전부터 차 강의를 할 때마다, 혹은 만나는 사람들이 차에 대해 궁금한 것들을 질문해 올 때마다, '차 관련 책을 하나 만들어야겠다'는 생각이 들곤 했다. 이미 많은 자료들이 있다는 걸 알지만, '한 권의 책에 궁금한 문제들의 답이 모두 들어있으면 참 좋겠다'는 생각이 들었고, '책을 한 권 써야지'라고 다짐했다. 하지만 혼자 시작하기가 참으로 어려웠다. 그러던 차에 같은 생각을 가진 도반들을 만나게 되면서 물길이 트이듯이 일이 시작되었다. 그렇게 우리 세 사람이 모였고, 같은 의견과 다른 의견들을 서로 조율하면서, 때론 힘들고 때론 행복하게, 우리들의 구구절절한 차 이야기가 진행되었다.

차와 나의 첫 인연은 어머니로부터 시작되었다. 어느 날 어머니가 내게 "차 한 번 배워 봐라. 좋을 거야. 엄마가 배우고 보니 참 좋더라" 하시며 부드러운 음성으로 권하셨고, 그 이후 나도 모르는 사이에 조금씩 차에 빠져들게 되었다. 그렇게 만나게 된 차는 예나 지금이나 한결같이 나 자신을 돌아보게 만들고, 깊이 생각하는 시간을 갖게 하며, 어떤 결정을 내릴 때마다 조금 더 신중할 수 있도록 조언을 아끼지 않는 최고의 벗이 되었다. 또 만나는 사람들에게 늘 따뜻한 배려와 고마움으로 소통할 수 있게 이끌어 주고, 내 고향 제주를 알리는 역할을 더 잘 수행할 수 있도록 충실한 매개체도 되어준다. 한마디로, 이제 차는 내게 선택이 아니라 돌이킬 수 없는 필수가 되었다.

차와 인연을 맺고 20여 년이 흐르는 동안, 퍽 많은 사람들을 만났다. 그들과 아침저녁 가리지 않고 차를 나누는 동안, 사람과 인생과 일에 대해 많은 것을 배웠다. 차가 아니었더라면 만나지 못했을 사람들, 차가 아니었더라면 경험하지 못했을 일들이니, 차는 내게 좋은 벗 이상의 특별한 존재다. 물론 나라고 처음부터 차가 쉽고 좋기만 했던 것은 아니다. 하지만 내가 내어준 소박한 차 한 잔에 감사하고 고마워하는 사람들을 볼 때마다 힘이 나고 즐거웠다. 그 기운과 고마움에 힘 입어 나는 지치지 않고 더 나은 제주, 더 나은 제주의 이미지를 만드는 일에 오늘까지 힘을 보탤 수 있었다. 올해로 20주년을 맞는 (사)탐라차문화원은 차를 좋아하는 사람들이 함께 만든 단체로 같이 공부하고 봉사하며, 차의 성품을 닮아가고자 노력하고 있다. "빨리 가고자 하면 혼자 가고, 멀리 가고자 하면 함께 가라"는 아프리카 속담처럼 도반들과 탐라차문화원 회원들이 함께했기에 가능했다. 모두에게 고마움을 전한다.

오늘도 엄마와 딸은 차를 통한 도반이 되어 마주 앉았다.

평온한 엄마의 모습은 바라만 보아도 마음이 편안해지며 고개가 절로 숙여진다. 어머니를 닮고자 하는 딸의 마음도 모락모락 차향처럼 피어오른다. 여유와 온기를 품고, 열정과 하심下心을 동시에 품도록 이끌어주는 한 잔의 차가 있기에, 오늘도 나는 새로운 꿈을 꾸고 새로운 내일을 그려갈 희망을 품는다.

이연정

  •차 례•

茶, 만나다

茶, 만들다

茶, 건강하다

茶, 마시다

茶, 생각하다

하나

茶、
만나다

01

녹차나무의 고향은
어디인가요?

질문에서처럼 '녹차나무', '녹차밭' 등의 말을 흔히 사용하는데요, 사실은 정확하지 않은 표현입니다. 1753년 스웨덴의 식물학자 칼 폰 린네Carl von Linné가 '차茶나무'의 학명을 '카멜리아 시넨시스Camellia Sinensis'로 발표한 후에도 유럽 사람들은 100여 년 동안이나 녹차나무와 홍차나무가 따로 있다고 생각했던 걸 보면, 그만큼 당시 일반인들의 차에 대한 지식이 부족했음을 알 수 있습니다.

차나무는 한 종

전세계 사람들이 즐기는 많은 종류의 차는 맛과 향이 모두 제각각이지만, 그 원료가 되는 찻잎을 생산하는 나무는 오로지 카멜리아 시넨시스 한 가지입니다. 이처럼 똑같은 나무의 싹과 잎으로 만들지만 '만드는 방법'에 따라 녹차green tea, 홍차black tea, 오룡차oolong tea, 보이차puer tea, 백차white tea, 황차yellow tea, 흑차dark tea 등 각기 다른 차가 되는 것입니다. 그러므로 첫 질문은 '녹차나무'가 아니라 그냥 '차나무의

고향은 어디인가요?'가 옳겠죠.

차나무의 고향은 중국입니다. 고대 중국의 단순한 음다 풍습이 품격있는 문화로 자리잡는 데 큰 기여를 한 육우陸羽(?~804)의 글을 참고해 보겠습니다. 차의 경전經典이라고도 불리는 『다경茶經』의 첫머리에서 육우는 차나무를 이렇게 소개합니다.

차는 남쪽의 아름다운 나무다. 높이가 1척, 2척에서 수십 척에 이르며, 파산과 협천에서는 두 사람이 함께 껴안을 만한 것도 있고, 가지를 베어서 찻잎을 딴다.
茶者, 南方之嘉木也. 一尺 二尺迺至數十尺. 其巴山 峽川 有兩人合抱者, 伐而掇之.

1척은 약 30.3㎝입니다. 환산해 보면 1척이나 2척은 약 30㎝나 60㎝이고, 수십 척은 최소 3m, 6m, 9m, 혹은 그 이상입니다. 이렇게 키 큰 차나무가 있다는 말인데요, 두 사람이 함께 껴안을 정도의 두께와 손이 닿지 않아 가지를 베어내고 찻잎을 딴다는 내용만 보더라도 엄청 큰 차나무의 크기가 짐작됩니다.

차나무는 본래 대자연 속에서 자생하던 야생식물로, 중국에는 연대가 아주 오래된 거대한 야생 차나무가 지금도 많이 남아 있습니다. 윈난雲南 바다巴達에서 발견된 1,700년 된 야생 차나무, 첸자자이千家寨의 2,700년 된 차나무 등이 잘 알려져 있는데, 첸자자이의 야생 고차수古茶樹는 그 높이가 무려 25.6m입니다.

차나무와 차의 고향은 중국

차나무의 기원에 관해서는 중국이 유일한 원산지라는 '일원설一元說'과 중국과 인도의 두 곳이 고향이라는 '이원설二元說'이 있어 공방이 끊이지 않았습니다. 그런데 최근 국제적으로 공식 인정을 받은 '최고령 차나무'가 중국에서 새롭게 발견되면서 공방에 대한 종지부를 찍는 계기가 되었습니다. 이 고차수는 윈난의 린창臨滄 시 펑칭鳳慶에서 발견되었는데요, 해발 2,245m의 고지대에 서식하고 있고, 그 수령이 무려 3,200년을 넘는다고 합니다. 말하자면 전 세계 차나무의 조상 격이라고 할 수 있습니다. 때마침 중국에서는 2억 5,000만 년 전의 것으로 추정되는 찻잎 화석까지 발견되어, 중국 차문화의 자존심을 지키고 있습니다.

고차수(古茶樹)는 '고차수(孤茶樹)'가 되어 홀로 외롭게 살아남아 자연의 변화무쌍함을 견디어낸 인고忍苦의 세월을 새기고 있습니다. 그 어떤 것보다도 설득력 있게 차나무의 역사를 살아있는 생명의 실체로 우리에게 보여주고 있는 것이니 귀하다고 하지 않을 수가 없습니다.

02

차의 종류는
몇 가지인가요?

세상에는 참으로 많은 종류의 차가 있습니다. 똑같은 차나무 잎으로 만드는데 왜 이렇게 다양한 종류의 차가 있는 걸까요? 저마다 차를 만드는 '방법'이 다르기 때문입니다. 똑같은 쌀로 밥도 짓고 떡도 만들고 죽도 쑤는 것처럼, 한 가지 찻잎으로도 수많은 종류의 서로 다른 차를 만들어내는 것입니다. 하지만 크게 나눠보면 차를 만드는 방법은 대략 6가지로 요약되고, 그래서 소위 '6대 다류'•로 차를 분류합니다. '녹차綠茶, 백차白茶, 청차靑茶, 황차黃茶, 홍차紅茶, 흑차黑茶'가 그것입니다.

> 6대 다류는 1960년대 중국 안휘농업대학 차학과 진연陳椽교수가 최초로 정립하였다.

찻잎의 형태, 산지, 품종, 제조방식 등 다양한 기준으로 차를 분류할 수 있지만, 그중에서도 차가 만들어진 방식과 산화발효 정도에 따른 6대 다류의 분류가 가장 많이 쓰이고 있습니다. 조금 복잡하고 어려운 얘기이니, 뒤에서 다시 알아보도록 하겠습니다. 차는 크게 6가지로 분류되고, 차를 만드는 과정과 산화발효를 얼마나 시켰느냐가 기준이 된다는 정도만 우선 이해하고, 여기서는 녹차, 백차, 청차, 황

산화·발효 정도에 따른 차의 분류

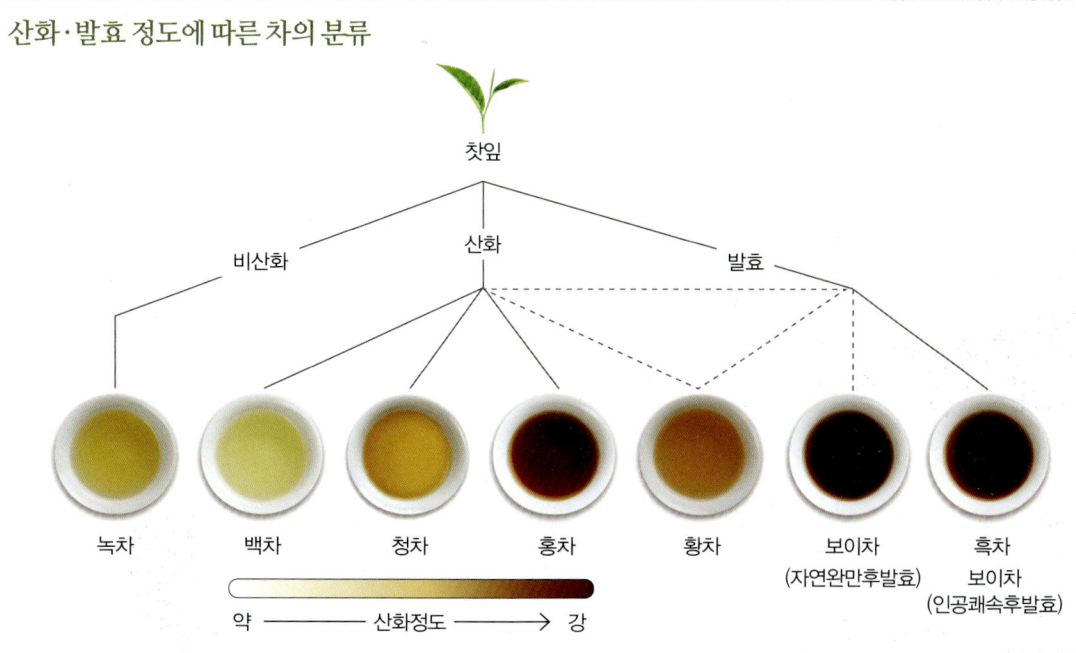

| 녹차 | 백차 | 청차 | 홍차 | 황차 | 보이차
(자연완만후발효) | 흑차
보이차
(인공쾌속후발효) |

약 ——— 산화정도 ——→ 강

차, 홍차, 흑차를 만드는 과정에 대해 조금 더 살펴보겠습니다.

'살청殺靑'이 중요한 녹차

찻잎은 나무에서 따는 순간부터 성분의 변화가 일어납니다. 이 변화는 찻잎 속에 포함되어 있는 산화효소에 의한 것으로, 산화나 발효를 시키지 않는 녹차를 만들기 위해서는 최대한 빨리 이 산화효소의 활동을 멈추도록 해야 하는데, 높은 온도에서 산화효소의 기능을 차단하는 것이 중요합니다. 이 과정이 바로 살청 인데, '찻잎의 푸른빛을 유지하기 위해 효소를 죽인다'는 의미입니다. 살청으로 산화효소의 기능이 상실되기 때문에 녹차를 다른 말로는 비산화차라고 합니다. 한 숨 죽

은 찻잎은 유념揉捻(반복적으로 비비는 과정) 단계를 거쳐 찻잎 표면에 상처를 내서 차가 잘 우러나오도록 합니다. 유념 과정은 찻잎의 모양을 만드는 데 있어서도 중요합니다.

녹차는 (시들리기) – 살청 – 유념 – 건조乾燥의 과정을 거쳐서 완성됩니다.

'위조萎凋'가 중요한 백차

백차는 다른 차들에 비해 제다 과정이 가장 간단합니다. 위조•– 건조의 두 과정으로 단순하다 보니 쉽게 만들 수 있는 차라고 생각을 합니다. 하지만 백차를 만드는 일은 단순한 만큼 더욱 정교해야 하는 까다로운 작업입니다. 특히 위조는 찻잎을 넣어 수분을 서서히 증발시키는 과정으로, 햇볕에 의한 일광위조와 실내위조를 번갈아 하며 산화효소에 의한 변화가 적절하게 일어나도록 찻잎을 시들립니다. 위조가 알맞게 되면 건조 과정에 들어갑니다.

> **위조**
> 신선한 찻잎을 적당한 두께로 펼쳐놓아 시들게 함으로써 찻잎의 수분을 일부 증발시키고, 차의 맛과 향을 높이는데 필요한 화학반응을 일으키게 하는 작업.

'요청搖靑'이 중요한 청차

녹차와 홍차의 오묘한 조화로움이 있는 청차는 보통 오룡차烏龍茶라고도 하는데 산화발효도가 약 20~70%까지 다양합니다. 본래 오룡차는 산화발효도가 높은 차였지만 지금은 산화발효도가 낮은 청차淸茶(일명 포종차)를 포함해 오룡차라 부릅니다.

청차 제다법은 제다 기술의 꽃이라고 불리는 만큼 부드러운 꽃향기, 달콤한 과일향, 꿀향 등을 만들어냅니다. 찻잎을 채반에 담아 흔들면서 찻잎에 손상을 주고 산화발효를 유도하는데, 이 과정에서 다양한 향이 만들어집니다. 이 과정을 '요청'이라고 합니다. 각각의 차에 맞게 요청의 정도를 달리하게 되고, 그 정도에 따라 다양한 색과 향, 맛을 갖춘 청차가 되는 것입니다. 청차는 위조 – 요청 – 살청 –

유념 - 홍배 - 건조의 과정을 거쳐 완성됩니다.

'민황悶黃'이 중요한 황차

황차는 살청 - 유념 - 건조 과정은 녹차와 같지만 '민황'이라는 중요한 과정이 추가됩니다. 민황은 열처리가 끝난 찻잎을 종이나 천으로 싸거나 상자에 넣어 습열작용으로 약하게 발효시키는 과정입니다. 서서히 가볍게 발효되면서 엽록소의 변화가 일어납니다. 민황에 의해 약발효된 차는 잎과 탕색, 차를 우리고 난 잎이 모두 황색이기 때문에 황차라 부릅니다.

'산화酸化'가 중요한 홍차

홍차는 녹차와는 정반대로 찻잎을 완전히 산화시키는 차입니다. 살청을 하지 않음으로써 찻잎의 효소를 그대로 남겨두고, 갈변현상을 유도해 효소의 기능을 최대한 활용하여 만든 차가 홍차입니다. 먼저 위조시들리는 시간을 길게 두면서 산화를 촉진하고, 이어 유념 - 산화 - 건조의 과정을 거치는데 산화효소의 활동을 중단시키지 않은 상태에서 찻잎을 비비면서 세포조직을 충분히 손상시키기 때문에 산화가 활발하게 진행됩니다. 각 홍차에 맞는 산화가 되면 건조시켜 완성합니다.

'악퇴渥堆'가 중요한 흑차

흑차는 미생물발효차로써 찻잎을 고온다습한 환경에 쌓아두는 과정에서 미생물이 생장번식하면서 만들어진 후발효차입니다. 살청 - 유념 - 악퇴•- 긴압 - 건조의 과정을 거쳐 완성되는 흑차는 악퇴를 거쳐 차에 미생물이 발생하도록 한다는 게 특징입니다.

> **악퇴**
> 찻잎에 물을 뿌리고 두텁게 쌓아 두어 찻잎 자체의 온도와 습도를 높이는 방법

흑차를 대표하는 차 하면 보이차를 떠올립니다. 이는 보이차 중에도 악퇴공정으로 만든 미생물발효숙차가 있기 때문입니다. 하지만 보이차라고 해서 모두 악퇴과정을 거치는 것은 아니므로 보이차를 전부 흑차라고 말할 수는 없습니다. 보이차에 대한 자세한 이야기는 뒤에서 다시 하겠습니다.

차의 분류는 처음 접하는 사람들에게 매우 낯설고 어려운 이야기입니다. 6대 다류는 차에 대한 이해를 돕기 위해 개괄적으로 살펴본 것으로 모든 차를 여기에 다 꿰어맞출 수는 없습니다. 우리가 각양각색의 얼굴을 가지고 자신만의 색깔을 지닌 삶을 살아가듯, 차도 6가지 기본 얼굴형에 저마다 다른 자기만의 개성을 담고 있습니다. 각각의 차를 옳게 이해하고 깊이 친해지기 위해서는 많은 시간과 노력이 필요합니다. 마치 뜻이 통하는 지기知己와의 사귐처럼 말입니다.

03

차에도 골동품이 있다던데,
어떤 차인가요?

본격적으로 차를 마시기 시작한 지 얼마 안 되어 들었던 이야기가 하나 있습니다.

"이건 먹는 골동품이야. 가격이 비싸긴 하지만, 역사를 마시는 것이니 그만한 값은 지불해야지…. 박물관에 전시되어 눈으로 즐겨야 할 골동품을 입으로 즐기고 있으니…."

차를 마시며 나누는 대화라고 하기에는 어쩐지 쉽게 와닿지 않는 '골동품骨董品'이란 단어에 고개를 갸우뚱하던 기억이 납니다.

골동 보이차의 정체

한국에 보이차가 보급된 것은 1990년 전후지만, 일반인들에게까지 관심을 받기 시작한 것은 최근의 일입니다. 유명 연예인이 매일 보이차를 즐기는 장면이 텔레비전에 방영되면서 이제는 전국민의 관심 음료가 되다시피 했습니다. 그런데 이 보이차와 관련하여 가장 많은 이야깃거리가 되는 건 따로 있습니다. 보이차 한 편의 가격이 수천만 원은 물론 수억 원에 이른다거나, 오래 묵은 보이차일수록 맛이 좋고 건강에 미치는 영향도 크니 보이차는 무조건 사서 쟁여놓아야 한다는 등의 이야기입니다. 물론 정반대의 이야기도 있습니다. 너무 오래된 차는 약성이 전혀 없다는 말도 있고, 보관하는 동안 어떤 변화가 일어났는지 알 수 없어 오히려 건강을 해친다는 조언도 있습니다. 시중에 유통되는 비싼 보이차는 전부 가짜라는 흉흉한 소문까지 있습니다. 그밖에 어디까지가 진실이고 어디까지가 허풍인지 알 수 없는 이야기들도 많이 떠돌기 때문에 소비자의 입장에서는 혼란이 가중됩니다. 보이차의 진실은 과연 무엇일까요? 어렵고 복잡한 이야기를 하기 전에 여기서는 우선 소위 '골동'으로 분류될 수 있는 보이차의 정체에 대해서만 알아보기로 하겠습니다.

보이차 중에서 골동이란 수식어를 붙일 수 있는 보이차는 윈난의 이우易武 지역에 있던 옛 상점들이 1950년대 이전에 만든 차로, 흔히 '호자급號字級(일명 호급)' 보이차라고 부릅니다. 상점 이름 뒤에 '호'라는 글자를 붙여서 판매하던 차여서 이런 별칭이 생겼습니다. 대표적으로 동경호同慶號, 동흥호同興號, 송빙호宋聘號 등이 있는데, 이 셋을 가리켜 '3대골동보이차骨董普洱茶'라고 부릅니다.

이런 호자급 보이차가 골동품의 가치를 지닌 차로 취급되는 건 '당시 상인들이 보이차의 발효를 의도하지는 않았지만, 보관하던 보이차 재고들이 세월이 흘러 발효차로 변하면서 숙성되었고, 그 결과 예상치 못한 향과 맛을 가진 차가 탄생하게' 되었기 때문입니다. 말하자면 오래전에 만들어 재고로 보관하고 있던 차들이 의도치 않게 맛과 약성이 뛰어난 차로 숙성되었다는 것입니다. 지금 현재 이런 호자급 보이차를 만나기란 현실적으로 여간 어려운 일이 아닙니다. 상식적으로 생각하더라도, 1950년대 이전에 이우라는 특정 지역의 몇몇 상점에서 만들어 팔던 보이차의 재고가 지금까지 많이 남아있을 리가 없겠죠.

　이런 호자급차의 특징은, 낱개의 차를 한 편씩 종이에 따로 싸지 않고 7편을 죽순 껍질로 한꺼번에 포장했다는 것입니다.

　호자급 외에 1950~1960년대에 생산된 인자급印字級(일명 인급) 보이차도 골동으로 취급됩니다. 1950년 이후에는 차를 포장한 종이에 '도장印'을 찍어서 출시하였고, 도장 색깔에 따라 홍인, 녹인혹은남인, 황인 등의 인자급 차가 있습니다.

보이차에 붙은 숫자의 비밀

　1970년대 이후 생산된 보이차들을 '숫자보이'라 부르는데요, 2000년대 초반까지만 해도 냉담한 대접을 받았으나 과거와 달리 오늘날에는 몸값이 상승해 노차老茶의 대열에 합류하고 있습니다. 대표적인 차로는 7542, 7532, 8582 등이 있습니다. 여기서 네 자리의 숫자는 각기 고유한 의미를 지니고 있습니다.

　먼저 앞의 두 개 숫자는 75년 혹은 85년부터 제조된 차라는 의미로, 1975년과 1985년은 이전에 없던 새로운 보이차 병배幷配 기술이 개발되고 도입된 연도입니다. 병배란 채취 시기와 크기가 다른 여러 종류의 찻잎들을 어떤 비율로 어떻게 섞어서 차를 만들 것인지, 그 구체적인 방법과 기술을 나타내는 일종의 코드입니다. 따라서 7542라고 모두 1975년에 생산된 것이 아니며, 7542는 지금도 생산되고 있습니다. 1975년에 생산된 노차로서의 7542와 최근에 생산된 7542는 같은 기술을 채택한 차로서의 공통점은 있지만 똑같은 차는 아니라는 뜻입니다.

　세 번째 숫자는 대표적인 찻잎의 크기입니다. 보이차에 사용되는 찻잎은 그 크기에 따라 특급과 1~10급의 11개 등급으로 구분됩니다. 7542의 경우 여러 등급의 찻잎을 병배하여 만들되, 특히 4급의 찻잎을 많이 사용하여 독특한 풍미를 이끌어낸 차라고 이해할 수 있습니다.

마지막 숫자는 그 보이차를 만든 공장의 코드번호입니다. 사회주의 국가답게 중국은 윈난의 보이차 제조 공장들에 고유번호를 부여하고, 상품에 이를 표기하도록 만들었습니다. 숫자 1은 곤명차창, 2는 맹해차창, 3은 하관차창, 4는 보이차창을 나타냅니다. 따라서 7542는 맹해차창이라는 공장에서 만들어진 차임을 알 수 있죠.

보이차 숫자의 의미

희소가치가 있거나 유서 깊은 고동서화古董書畵 등을 가리켜 골동품이라고 합니다. 마실거리에 골동품이란 단어를 사용한다니 낯설게 느껴질 수도 있습니다. 하지만 그렇게 불리는 데에는 필설로 형용할 수 없는 세월의 맛과 향이 더해져, 단순한 기호품 이상의 가치와 의미를 띠게 되었기 때문일 겁니다.

기호품인 차를 차답게 대한다는 것은 어떤 것일까요? 박물관에 전시된 유물처럼 그저 바라보며 세월을 이야기하는 것도 의미가 있겠지만, 본래 차는 마시는 것이니 응축된 인연의 세월을 풀어내는 게 오늘을 사는 우리가 진정으로 즐겨야 할 것은 아닐지 생각해 봅니다.

04

왜 보이차라고
부르나요?

 보이차란 이름은 '윈난의 푸얼普洱에서 온 차'라는 뜻입니다. 중국어 '푸얼'을 우리가 '보이'라고 발음하는 것인데요, 즉 '보이차'와 '푸얼차'는 같은 것입니다. 윈난의 푸얼현普洱縣은 윈난성 남부 일대의 주요 무역시장이자 차엽집산지茶葉集散地였는데요, 윈난 지역에서 생산되는 차는 이곳 보이에 집결한 뒤 중국 전역과 외국으로 팔려나갔고, 집산지 명칭을 따서 '보이차'로 부르게 되었습니다.

 중국 10대 명차 중 하나인 보이차는 윈난 차의 대명사이기도 합니다. 윈난성 곳곳에서 보이차가 생산되지만, 보이차의 주요 생산지는 창녕현昌寧縣 이남과 란창강瀾滄江의 동서쪽 기슭을 따라 분포되어 있는 펑칭鳳慶, 린창臨滄, 솽장雙江, 융더永德, 멍하이勐海, 쓰마오思茅, 징훙景洪 등입니다. 그중에서도 특히 시쌍반나西雙版納 일대에 산지가 가장 많이 분포되어 있습니다.

보이차는 오직 윈난에서만 생산 가능

중국 정부는 2008년 12월 1일 '보이차 국가표준조례'라는 것을 제정해 공표하였습니다. 한마디로 보이차의 정의와 범위를 정해 놓은 규정입니다. 그 내용은 다음과 같습니다.

보이차 국가표준조례(GB/T 22111-2008) | 중국 정부가 지정한 지리표시산품으로, 보이차 산지 환경에 부합한 조건에서 자란 윈난대엽종 찻잎을 햇볕으로 말린 쇄청산차曬靑散茶를 특정 제다 공정을 통해 생산된 독특한 품질의 차

윈난성 보이차 산지

학술적으로 통용되는 보이차의 정의는 '윈난 지역 대엽종 차나무 잎을 사용해서 햇볕에 말린 찻잎을 원료로 만든 생차와 숙차'입니다.

중국 정부의 표준조례나 일반적인 정의에서 공통으로 확인되는 것처럼, 보이차는 '윈난 지역'이 중요합니다. 이 지역에서 자란 차나무로 가공한 것만을 보이차라고 하는데요, 이런 배타성은 윈난의 기후 등 환경이 보이차의 특성을 만들어내는 데 결정적이기 때문입니다. 보이차에서 가장 중요한 것은 원료로, 보이차 숙성에 절대적으로 영향을 미치는 폴리페놀polyphenol 함유량이 30%가 넘어야 산화발효가 잘됩니다. 윈난 대엽종 차나무 잎은 폴리페놀 성분이 40% 이상 함유되어 있으므로 보이차를 만드는 데 적합합니다. 반면 우리나라와 일본 등에 많은 소엽종 차나무 잎은 폴리페놀 성분이 18% 정도에 불과하기 때문에 보이차보다는 녹차를 만들기에 더 적합합니다.

윈난성 내 지역일지라도 취징曲靖, 자오퉁昭通, 리장丽江, 누지앙怒江, 디칭迪慶 지역의 찻잎으로 만든 차는 보이차라 할 수 없습니다. 윈난성 이외 다른 지역 즉, 쓰촨성四川省, 후난성湖南省, 후베이성湖北省, 광둥성廣東省 등지에서 만든 긴압차天량차, 광둥병, 후난흑차, 흑전, 복전, 강전 등와 안후이성安徽省, 광시성廣西省에서 만든 육안차나 육보차와 같은 흑차도 중국 정부의 국가조례에 비추어 보면 보이차가 아닙니다. 다른 국가 즉, 베트남, 태국, 미얀마 등 동남아에서 만들어 보이차라는 이름으로 팔리고 있는 것 역시 보이차라 할 수 없겠죠.

차의 맛을 판단하는 것은 저마다의 개인적인 기호에 달려 있지만, 고정된 기호만으로는 다양한 차 맛을 알 수 없습니다. 차는 책으로 배우고 머리로 이해하기보다는 직접 우려보고, 마셔보고, 구별해보고, 스스로 느끼는 게 중요합니다. 지금 마시고 있는 차가 정말 보이차일까요, 아니면 보이차 형태의 흑차일까요? 이제는 구별하실 수 있겠죠?

05

마시는 건 모두
차인가요?

'차 한 잔 하시겠습니까?'라는 흔한 인사말에 등장하는 '차'는 커피에서부터 민속음료인 인삼차나 대추차, 허브음료인 캐모마일이나 루이보스 등 끓이거나 우려서, 혹은 타서 마실 수 있는 모든 기호음료를 포함하고 있습니다. 그렇다고 전부 '차'라고는 말할 수 없는데요, 차에 대한 다음과 같은 정의가 있기 때문입니다.

차의 정의 | '카멜리아 시넨시스'라는 차나무의 싹과 잎을 따서 일련의 공정을 거쳐 가공하여 만든 건물질乾物質 혹은 그것을 달이거나 우린 음료

좁은 의미의 차는 찻잎 가공품만 지칭
기호, 기능성이 있는 식물의 일부를 '마실거리'로 만들어 음료로 마실 수는 있지만, '차나무의 싹과 잎으로 만든 건물질'이란 정의에서는 벗어나다 보니 이런 음료는 엄밀한 의미의 '차'는 아닙니다.

차나무는 동백과에 속하는 상록수로, 정확한 학명은 카멜리아 시넨시스 린네 오토 쿤츠Camellia sinensis (L.) O. Kuntze입니다. 커피나무의 열매를 볶아 만들어 커피가 되듯, 차나무의 싹과 잎으로 만든 것이 차지만, 통념상 일반 식물의 잎, 가지, 뿌리, 꽃, 열매 등을 가공하여 만든 마실거리 모두를 차라고 부르는 것이죠.

재가공차 더해 7대 다류로도 분류

차는 기본 제다 과정에 따라 6대 다류녹차백차청차황차홍차흑차로 나눠 왔는데, 6대 다류에 속한 차를 꽃과 섞거나 향을 입히는 방식으로 2차 공정을 거쳐 완성시킨 '재가공차'가 편입되면서 7대 다류로 분류하기도 합니다.

다양한 재가공차

• **화차** 차와 신선한 꽃을 섞어 차에 꽃 향이 배어들도록 만든 향차로 일명 훈화차薰花茶. 재스민전체 화차의 약 80%치자장미국화 등이 많이 이용된다.

• **긴압차** 가공, 반가공된 잎차를 증열압축으로 재가공하여 일정한 형태로 만들어낸 차. 사용 원료에 따라 흑차긴압차, 녹차긴압차, 홍차긴압차, 오룡차긴압차가 있다.

• **추출차** 찻잎을 원료로 침전물즙 등의 용해물질을 추출해 다시 가공한 차. 액상으로 만든 차, 농축시킨 차, 건조시켜 만든 고체형 또는 분말 형태의 차 등이 있다.

• **가향·가미차** 완제품이나 반제품 상태의 찻잎에 향료, 과일즙 등을 첨가하여 만든 차.

• **약용보건차** 차에 약초를 배합하여 만든 차로, 보건 및 치료에 주목적이 있는 기능성 차.

• **차음료** 찻물에 우유, 술, 탄산수, 탄산음료 등을 혼합blending한 형태의 차 음료.

넓은 의미의 차는 대용차까지 포괄

이처럼 차를 기본원료로 해서 재가공한 음료는 모두 차로 분류할 수 있습니다. 찻잎이 아닌 재료로 만든 차들은 흔히 '대용차代用茶'라고 합니다. 찻잎을 재료로 하지는 않았지만 모과차, 유자차, 오미자차, 매화차, 솔잎차와 같은 민속음료도 있습니다. 저마다의 향미와 기능성을 지닌 이들 음료 역시 우리에게는 귀중한 문화입니다. 따라서 이들 민속음료 역시 '전통차傳統茶'로 이어가는 것이 옳다고 봅니다. 차나무의 싹과 잎을 재료로 해서 만든 정통차正統茶, 우리 민속음료인 전통차, 모두 훌륭한 마실거리입니다.

06

떡차에는
무슨 떡이 들어가나요?

혹시 '떡차'라는 말을 들어보셨나요? 인삼으로 만든 인삼차, 대추로 만든 대추차가 있으니 혹 떡으로 만든 차가 아닐까 싶기도 합니다. 하지만 떡차는 떡으로 만든 차가 아니라 '떡 모양으로 만든 차'라는 말입니다. 한자어로는 '떡 병餠'자를 써서 병차餠茶라고 합니다. 앞에서 소개한 보이차도 이 병차에 속합니다.

가루차, 잎차, 긴압차

차는 그 만드는 방법, 특히 산화발효의 정도에 따라 백차, 녹차, 청차, 황차, 홍차, 흑차의 6대 다류로 분류한다고 했습니다. 그러나 세상의 그 많은 차를 이렇게 제다법만으로 분류하는 것은 아닙니다. 또 다른 분류법들이 여럿인데, 대표적인 것이 바로 완성된 차의 모양을 기준으로 분류하는 것입니다. 이렇게 나눌 경우 차는 크게 가루차, 잎차散茶(산차), 긴압차緊壓茶로 나눌 수 있습니다.

가루차는 글자 그대로 최종 완성된 차가 가루 형태입니다. 원재료인 찻잎을 갈아서 고운 가루로 만든 것이며, 한자어로는 말차抹茶라고 합니다. 일본의 다도를 말할 때 반드시 등장하는 것이 이 말차입니다. 사발처럼 커다란 다완에 말차와 물을 붓고 차선이라고 부르는 일종의 거품기로 우려 마십니다.

산차는 바짝 마른 형태의 찻잎 모양이 살아있는 차로, 찻잎 하나하나가 저마다 떨어져 있기 때문에 산차, 혹은 잎차라고 부릅니다. 우리가 흔히 볼 수 있는 녹차, 청차, 황차, 홍차 등이 주로 이런 형태입니다. 물론 찻잎이 둥글게 말린 모양도 있고 바늘처럼 일자로 길게 뻗은 형태도 있는 등 찻잎의 모양은 차마다 조금씩 모두 다릅니다.

긴압차는 다량의 찻잎을 모아 증기 등으로 압착하여 만든 차로, 긴압은 단단하게 압착했다는 의미입니다. 차의 양에 비해 크기가 작으므로 오랜 시간 이동생활을 해야 하는 유목민들이 휴대하기 편하고, 변질의 염려도 적습니다. 고형차固形茶로도 불리며, 그 모양은 원형, 벽돌형, 버섯형, 엽전형 등 다양합니다. 이 중에 특히 원형으로 된 것을 병차라 하고, 벽돌 모양으로 된 것은 전차磚茶라 하는데, 모양이 다양한 만큼 세부적인 명칭도 매우 다양합니다.

쌀을 가루로 만들어 떡을 찌기도 하고, 그 낱알의 모양을 살려 밥을 짓기도 하며, 밥알의 모양을 유지하되 덩어리로 뭉친 약식을 만들기도 하는 것처럼, 차 역시 하나의 찻잎을 이용하여 여러 모양의 다양한 차를 만들 수 있는 것입니다.

역사가 가장 오래된 떡차

떡차는 차 중에 가장 오랜 역사를 지닌 차이기도 합니다. 육우의 『다경』이 다루고 있는 차도 바로 이 떡차이며, 당나라와 송나라는 물론 고려에서도 차의 주류는 바로 이 떡차였습니다. 고대에는 찻잎을 생엽 그대로 씹어 먹거나 국이나 죽으로 끓여 먹었는데, 병차餠茶를 제작하면서 차를 끓여 마시는 단계로 발전하였습니다.

그렇다면 병차는 어떻게 만들고 어떻게 마시는 걸까요? 병차 제다법과 음용법에 대해 조금 더 살펴보겠습니다.

병차 만들기

- **찻잎 따기**採茶(채차) 3~5월의 맑은 날 찻잎을 딴다(비가 오거나 맑아도 구름이 끼어 있으면 찻잎을 따지 않는다).

- **찻잎 찌기**蒸茶(증차) 채취한 찻잎을 시루에 쪄낸다.

- **찻잎 찧기**搗茶(도차) 쪄진 찻잎을 절구통에 넣고 공이를 사용해 찧는다.

- **손으로 눌러 병차 찍어내기**拍茶(박차) 찧은 차를 차틀(원형, 사각, 꽃모양 등) 안에 넣고 손으로 압력을 가해 병차를 찍어낸다.

- **불에 쬐어 말리기**焙茶(배차) 병차를 건조시키기 위해 불과 햇볕을 이용해 말린다.

- **병차 꿰미에 꿰기**穿茶(천차) 건조된 병차를 꿰미에 꿰어 보관한다.

- **병차 저장·숙성시키기**封茶(봉차) 완성된 병차를 저장도구에 넣어 숙성시킨다.

병차 끓여 마시기煮茶法(자차법)

- **병차 굽기**炙茶(적차) 나무숯의 불길을 고르게 하여 병차의 겉과 속이 잘 익도록 굽는다.

- **가루차 만들기**粒茶(입차) 구운 병차는 종이 주머니에 넣어 보관 후 식으면 차연茶碾(차맷돌)에 갈아 가루를 낸다. 가루차의 형태는 미세한 가루가 아닌 작은 부스러기細米 형태이다.

- **차 끓이기**煮茶(자차) 솥에 물, 가루차, 소금을 넣고 끓여 차 위에 뜨는 거품인 말발沫餑과 함께 차탕을 마신다.

제작한 병차는 보관한 뒤 마실 때 가루를 내어 마셨는데, 시대마다 음용법이 달랐습니다. 당나라 시기에는 차를 끓여 마시는 자차법이 성행하였고, 송나라 때는 차를 풀어 마시는 점차법點茶法이 발달하였습니다. 차 가루를 차완에 넣고 끓인 물을 붓고 풀어 '거품'을 마시는 방법인 점차법은, 거품을 즐기는 차로 그 질에 대한 기준도 매우 까다로웠는데요, '얼마나 끈적한가', '색상은 얼마나 하얗게 나타나는가' 등에 관심을 두었고 차로써 겨루기鬪茶도 하였습니다.

둥글고, 네모지고, 꽃 모양의 떡 같은 형태의 차를 만들어 보관하고 숙성시켜 마시기란 짧은 시간에 쉽게 얻어지는 결과물이 아닙니다. 차를 마신다는 것은 참으로 그 의미가 깊습니다. 마주 앉은 이에게 정성을 담은 차 한 잔을 건네 보시면 어떨까요?

07

차를 부르는 이름이
왜 그렇게 많아요?

사람들은 언제부터 차를 '차'라고 불렀을까요? 우리가 알고 있는 차를 처음부터 '차'라고 발음하거나 한자 '茶'로 표기했던 것은 아닙니다. 현재 사용하고 있는 '茶차'란 글자는 당나라 육우의 『다경』에서 정의된 후에야 점차 보편적으로 쓰이기 시작하였습니다. 그 이전에는 다른 이름으로 불리고 다른 글자로 표기되었다는 의미입니다. 그럼 어떤 글자들이 있었을까요?

'차'를 의미하는 다양한 글자들

차茶라는 글자의 소리를 중국의 표준어인 만다린普通話에서는 'cha'라고 발음합니다. 그러나 차를 접하는 문화적·지리적 차이에 따라 차茶의 발음과 옛 차茶 자의 쓰임이 다르게 나타나곤 하였습니다. 오늘날 티베트에서는 차를 'jia(짜)'라고 발음하는데, 이 '짜'의 한자는 '가檟'이고, 이 글자 역시 육우가 소개한 차의 별칭 가운데 하나입니다. 이 글자의 티베트식 발음이 '짜'인 것입니다. 윈난 서남부 지역의 맹족

劻族들은 차를 '밍maing'이라고 발음하는데 이는 차의 다른 옛 이름인 '명茗'의 발음입니다. 쓰촨四川, 구이저우貴州 등지에 살고 있는 요족, 이족들은 지금도 차의 옛 이름인 설蔎을 '셜, se, she'로 부르고 있습니다. 도茶 자는 차茶 자의 전신으로 가장 많이 쓰였던 글자인데요, 『다경』이 완성된 이후에도 한동안 차茶 자와 도茶 자가 혼용되다가 9세기에 이르러 비로소 차茶 자로 정착되었습니다.

『다경』의 차 명칭

차를 가리키는 이름에는 차茶, 가檟, 설蔎, 명茗, 천荈이 있다.
주공이 말하기를 가檟는 쓴 차이다. 양집극이 말하기를 촉나라 서남인들은 차를 설蔎이라 하였으며, 곽홍농이 말하기를 일찍 딴 것을 차茶라 하고 늦게 딴 것을 명茗이라 하며 혹 일설에는 천荈이라고도 한다.

其名, 一日茶, 二日檟, 三日蔎, 四日茗, 五日荈. 周公云: 檟, 苦茶. 揚執戟云: 蜀西南人謂茶日蔎. 郭弘農云: 早取爲茶, 晚取爲茗, 或一日荈耳.

茶　檟　蔎　茗　荈　茶

우리만의 고유 차 별칭, 한과 파

우리에게도 차를 이르는 고유의 글자가 있었는데, 알고 계시나요?

우선 중국의 시서화詩書畵를 통해 차의 별칭 혹은 별명들이 우리나라에도 다양하게 소개되었습니다. 그 결과 우리 조상들의 시문 등에도 '명茗, 천荈, 불천不遷, 수액水厄, 낙노酪奴, 불야후不夜侯, 척번자滌煩子' 등의 차 별칭들이 자주 등장하게 되었습니다.

그런 가운데 조선에서도 차를 뜻하는 새로운 글자가 등장합니다. 단순한 음역이나 풍류를 즐기는 차원에서 붙여보는 별칭이 아니라, 철학적 사유를 필획에 담아 차 관련 글자를 새롭게 만들게 되는데요, 그 글자가 바로 한재寒齋 이목李穆 (1471~1498)의 『다부茶賦』에 나오는 '한(㞴)'과 '파(㞲)'입니다. '한'과 '파'는 조선시대 도학자였던 한재 이목이 만들어낸 차를 의미하는 우리의 글자로써, 세계 어느 문헌에서도 볼 수 없는 주체 의식이 담긴 의미 있는 글자입니다.

아름다운 차, 아름다운 이름들

그 밖에 차를 일컫는 아름다운 표현들을 몇 가지 소개할까 합니다. 명산의 정기를 받고 생장한 차를 일러 '영초靈草'라고 하는데요, 영초를 마시면 인간의 속골俗骨이 선골仙骨로 바뀌어 신선이 된다는 뜻이 담겨 있습니다. 차는 다른 초목과 달리 신비로운 효능이 있어 '가목嘉木'이라고 칭송하였고, 정신을 깨우고 잠을 깨우니 마땅히 '불야후不夜侯'로 봉해야 한다는 옛 이야기가 있습니다. 번민을 씻어내고 맑은 정신을 가다듬는 데는 차가 으뜸이라는 뜻으로 '척번자滌煩子'라고 부르기도 하였습니다.

차의 맑은 성품을 빌어 사람을 맑게 해주는 나무란 뜻으로 '청인수淸人樹'라고 하였고, 곧게 뻗어 나가는 차나무 뿌리의 성질直根性에 빗대어 '불천不遷', 차의 찬 성품을 은유적으로 표현해 '냉면초冷面草'라고도 합니다. 차를 마시면 단맛의 여운이 오래 남는다는 뜻에서 '만감후晚甘侯', 상서로운 풀의 으뜸이라는 뜻에서 '서초괴瑞草魁', 향기 나는 풀이라는 뜻에서 '향초香草'로도 칭하였습니다.

육우는 특별히 차의 맛으로써 이름을 구분지어 단 것은 가, 달지 않고 쓴맛이 나는 것은 천이라 하였고, 마실 때는 쓰지만 삼키면 단맛이 나는 것을 '차'라고 하였습니다.

지금 마시고 있는 차의 맛은 어떠십니까? 청인수 한 잔에 성품을 맑히고, 서초
괴 두 잔에 상서로움 가득하길 기원하며, 만감후 석 잔으로 단맛의 여운을 느껴야
겠습니다.

08

보이차 한 편은
어쩌다가 357g이 된 거예요?

질문에서의 한 편은 흔히 알고 있는 빈대떡 모양의 보이차 한 덩어리를 말합니다. '편'으로 널리 알려진 것에는 '병餅(빈대떡 모양, 약 357g)', '타沱(종지 모양, 약 250g)', '전磚(벽돌 모양, 약 250g)' 등이 있습니다. 모양에 따라 무게도 다양합니다. 이렇게 덩어리 형태로 만드는 것을 긴압緊壓이라고 합니다. 과거 운송의 편의성, 세금징수의 편리성, 말과 차를 바꿀 때의 효율성 등을 고려해 압축 형태의 덩어리 모양으로 만들었던 병차 무게가 357g이었습니다.

긴압으로 부피 줄이고 부패 방지

보이차는 윈난에서 생산되긴 하였지만 많은 양이 광둥 지방이나 티베트 변방 지역 등 먼 곳으로 운반되어 소비되었기 때문에, 부피가 큰 잎차산차의 형태보다는 부피를 최소화하여 압축한 긴압차 형태가 운반에 더 편리하였습니다. 잎차의 형태로 자루에 담아 오랜 시간 운반하다 보면 외부의 충격에 차가 부스러지고 비에 젖고 습을 먹는 등 차의 품질이 보전되지 못하는 경우가 많으므로 상품의 변질을 막기 위해서도 압축시킨 긴압차의 형태가 적절했겠죠.

노새가 감당할 수 있는 무게 맞추기

그렇다면 보이차 한 편의 무게는 왜 300g이나 400g이 아닌 357g이 되었을까요? 우선 과거의 도량형에 따르면 보이차 한 편의 무게는 7량이었습니다. 요즘의 1량은 서양식 기준으로 50g입니다. 하지만 아주 먼 옛날의 1량은 오늘날의 기준으로 51g에 해당했다고 합니다. 1량을 51g으로 잡고, 7량을 계산하면 357g이 됩니다.

실크로드보다 무려 200년이나 앞서는 차마고도茶馬古道(tea horse road)는 중국차와 티베트의 말馬을 교환하기 위해 만들어진 교역로입니다. 당시 험준한 차마고도를 다녔던 이동수단은 노새였는데, 보통 건강한 노새 한 마리가 짊어질 수 있는 무게가 60kg 정도라고 합니다. 이 기준을 맞추다보니 보이차 한 편의 무게가 357g이 되었다는 설명도 있습니다. 이 설명을 이해하려면 우선 보이차의 포장 단위를 알아두어야 합니다.

보이차 낱개를 세는 단위는 '편片'이고, 7편을 묶어 한 덩어리로 포장하는데 이를 '통筒'이라 합니다. 12통을 모아 큰 대바구니에 담고 이를 노새에 싣게 되는데, 이를 '건件'이라 합니다. 노새 한 마리에 보통 2건을 싣습니다. 다시 말하면 2건의 무게가 60kg이 되어야 최적입니다. 이제 역산을 좀 해볼까요?

$$1건=12통=84편=30kg$$
$$30kg(30,000g)÷84편=357.14g$$

세금 징수의 편리성

차는 오랜 옛날부터 국가재정의 주 수입원으로 워낙 많은 양의 차가 거래되다 보니 하나하나 무게를 재서 세금을 부과하는 것이 매우 번거로운 일이었습니다. 그래서 고안해 낸 것이 통일된 규격으로 차를 생산하여 그 개수만큼 세금을 부과하는 것이었습니다. 일일이 무게를 재야 하는 수고로움을 덜어주는 편리한 세금징수 방법이었던 셈입니다. 1편을 357g으로 제작하여 한 광주리에 30kg씩 계산하니 수월하게 세금을 걷을 수 있었습니다.

둥그런 원형의 차 하나가 담고 있는 '357'이라는 숫자가 참으로 합리적이고 현명하게 다가옵니다. 뭐 하나 예사로 볼 수 없는, 곳곳에 담겨 있는 차 이야기가 넓고도 깊습니다.

09

우리나라에서는 왜 중국처럼
다양한 차가 나오지 않나요?

필자는 녹차와 홍차 티백을 주로 마시던 1990년대에 처음으로 중국차를 접하게 되면서 무척 놀란 경험이 있습니다. 모양, 색, 향기, 맛이 다양한 차들을 마셔보고, '왜 다르지? 차에 뭔가를 섞었나? 이런 향이 차에서 어떻게 나는 거지?' 같은 생각이 절로 들었습니다. 우리나라의 차 재배는 신라 때 대렴이 중국에서 차 종자를 가져오면서부터 시작되었다는데, 같은 차나무로 왜 우리나라는 중국처럼 다양한 종류의 차를 만들지 않는지도 궁금했습니다. 우리나라의 차는 중국처럼 다양하지 않고, 같은 녹차라도 왜 차이가 나는 걸까요? 정말로 가공방법만의 문제일까요? 아니면 근본적인 다른 차이가 있는 걸까요?

같으면서 다른 차나무

땅이 드넓은 중국에는 다양한 기후대가 공존하고, 기후와 지형, 토양의 성질에 적응한 차나무의 품종도 다양합니다. 각각의 특징에 맞는 가공방법이 지역별로 발달하여 중국은 6대 다류를 모두 생산하는 유일한 나라가 되었습니다.

여기서 주목할 점은 중국에서도 기후대나 지역에 따라 생산되는 차가 제각각 다르다는 점입니다. 다시 말해 가공방법의 문제 이전에 찻잎 자체가 각 기후대와 지역에 따라 다르고, 이렇게 서로 다른 찻잎으로 만들 수 있는 최고의 차도 서로 달라진다는 점입니다. 이를 과학적으로 확인하기 위한 실험이 실제로 진행되기도 했습니다. 실험의 경과를 간단히 정리해 보겠습니다.

차나무 옮겨심기 실험

- **내용**
  위도가 낮아 평균기온이 따뜻한 윈난의 대엽종 교목형 차나무를 위도가 높아 상대적으로 기온이 낮은 항저우杭州 지역으로 옮겨심기

- **결과**
  1. '대엽종 교목형'에서 '소엽종 관목형'으로 진화됨
  2. 성분 변화
    – 윈난 : 폴리페놀과 카테킨catechin 함량이 높음
    – 항저우 이식 후 : 아미노산amino acid과 카페인caffeine 함량이 높아짐

- **분석**
  같은 품종의 차나무도 자연환경이 달라지면 외형과 성분에 변화가 생김

실험 결과와 마찬가지로, 중국에서 가져온 차 종자는 우리나라 환경에 적응해 재배되기 시작했습니다. 그 결과, 중국과 우리나라 차나무의 조상은 같지만, 각각 생태 환경에 따라 품종 변화가 일어났고, 우리나라에 적응한 차나무는 녹차를 만들었을 때 가장 맛있는 성분을 가진 소엽종·관목 차나무가 되었습니다.

차에 대한 국민들의 관심이 커지고 수요가 늘어나면서 우리 차나무에 맞는 가공방법에 대한 연구도 활발해졌습니다. 그 결과, 산화효소 활동을 멈추게 하는살청 방법에 변화를 준 다양한 풍미의 녹차가 생산되고 황차, 백차, 청차, 홍차 등과 덩어리 형태의 돈차錢茶, 떡차餠茶, 차병茶餠 등 다채로운 풍미의 한국형 산화발효차도 만들어지고 있습니다.

근원이 같은 차나무! 우리나라 환경과 토양에 잘 적응한 차나무에서 우리의 기호와 체질에 맞는 다양한 맛의 차가 만들어지기를 기대합니다.

10

차, 티, 떼 등은 어디서
시작된 말인가요?

1989년 칸영화제 수상작인 러시아 영화 〈멈춰, 죽지 마, 부활할 거야!Zamri, umri, vokreni!〉에 주인공 소년과 소녀가 "짜이~, 짜이~" 외치며 차를 팔러 다니는 장면이 나옵니다. 차의 러시아어 발음은 짜이чай로, 중국 표준어와 광둥廣東어 발음인 '차'를 차용한 것입니다.

'차'와 '티'

차나무의 잎과 싹으로 만든 음료의 이름은 '차cha'와 '떼tey' 크게 두 가지로, 차를 부르는 이 소리들은 모두 중국어 발음에서 유래되었습니다. '차이'나 '티' 등 유사한 발음들이 많지만 모두 이 두 가지에서 변형된 것입니다.

중국에 이웃한 우리나라는 '차'라는 발음과, 한자를 문자로 이용하며 '다'라는 발음을 동시에 사용하게 되었습니다. 동아시아 항로를 최초로 개척하면서 차를 접한 포르투갈은 '차'라고 부르는데요, 광둥어를 사용하는 마카오와 대만을 무역 근거지로 선점하면서 표준어와 발음이 같은 광둥어의 영향을 받았기 때문입니다.

포르투갈의 뒤를 이어 네덜란드가 차 수입을 시작하며 그 차를 마시던 영국이 뒤늦게 중국에 차를 사러 갔을 때, 차를 수출하기 위해 개방된 항구는 푸젠福建 남쪽 샤먼廈門으로, 민남오룽閩南烏龍의 주산지인 우이산武夷山 지역이었습니다. 그 결과 유럽 국가들은 차를 '떼'라는 푸젠 방언으로 부르게 되었습니다.

중국 표준어 발음, 광둥어 발음, 푸젠어 발음, 푸젠 방언 발음은 육로와 해로를 따라 전 세계로 퍼져 나갔으며, 차나무의 잎과 싹으로 만든 자연 음료의 이름으로 불리게 되었습니다.

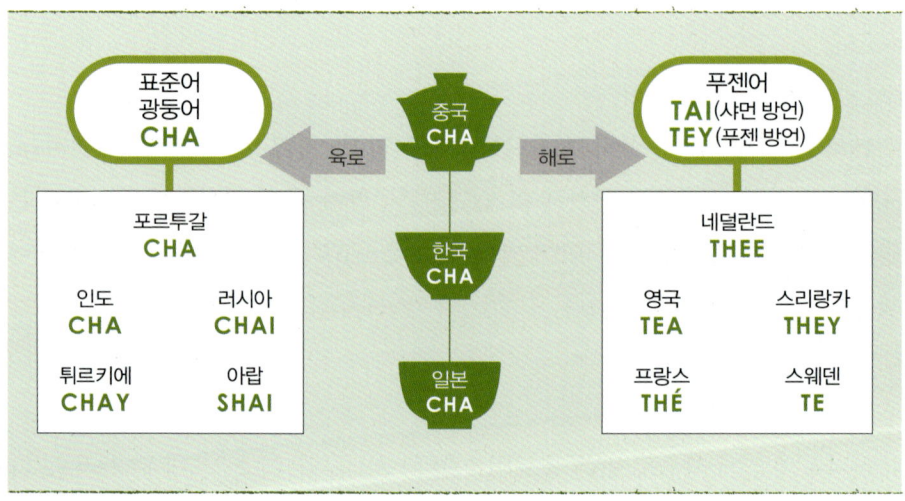

어머니를 전 세계인들은 비슷한 발음으로 부릅니다. 모母, 엄마, 마마, 맘, 마미 등 차, 티, 떼의 이치와 다르지 않습니다. 전 세계인들이 부르는 발음은 다양하지만 차를 마시며 느끼는 희열喜悅과 효과는 같을 것입니다. 어머니와 같은 고귀하고 위대한 자연의 선물이 바로 차입니다.

11

북한에서도 차를
생산하나요?

2018년 4월 27일의 역사적인 남북정상회담과 함께 전해진 반가운 북한 관련 소식이 하나 더 있었습니다. '2018년 5월 통일부가 문화재제자리찾기(대표 혜문)의 북한 강령녹차 반입을 승인했다'는 내용입니다. 이 기사 한 줄을 시작으로 간간이 접할 수 있던 강령녹차와 강령홍차의 실체를 확인할 수 있었습니다.

은정차는 북한에서 차를 지칭하는 일반명사

북한 잡지 《조선》 2009년 9월호에 실린 〈차잎 생산〉이란 제목의 기사에 따르면, 북한 황해남도 '강령에서 생산되는 차는 녹차, 홍차 두 종류인데, 이 두 가지 차 모두 은정차로 부른다고 합니다. 이처럼 '은정차'는 특정 상품의 제품명이 아니라 북한에서 생산되는 차녹차, 홍차, 오룡차를 부르는 일반명사입니다.

《조선신보》 2011년 3월 30일자에 실린 북한 농업성 은정차처 김용규 책임부원

의 인터뷰 내용을 참고로 은정차의 개발 과정을 요약하면 다음과 같습니다.

은정차 재배 연혁

1982년 9월	• 김일성 주석이 중국 산둥山東성을 방문함. • 산둥성에서 자라는 차나무를 위도가 같은 황해남도 강령군과 강원도 고성군에 재배하도록 지시함.
1983년 초	• 수백 그루의 차나무들이 선물로 들어와 연구 재배 사업이 시작됨. • 차나무 재배를 위한 연구 집단 구성. • 연구 사업인 '차나무풍토문화사업'을 진행할 지역 선정.
1990년대	• 국제적 고립과 자연재해 등 고난의 행군을 겪으면서 차 재배를 확대하지 못함.
2000년 2월	• 김정일 위원장이 김 주석의 은정을 길이 전하려는 인민의 마음을 담아 '은정차'로 명명함.
2008년 12월	• 차나무를 대대적으로 심도록 지시.
2009년	• 황해남도 강령군 등암지구에서 차나무 재배에 성공.
2010년	• 국제녹색위업연구개발유한공사 대표단이 차밭을 방문함. • 종자와 함께 재배 환경이 매우 좋고, 이 지대에 해충이 없고 농약을 전혀 쓰지 않는 것에 대해 감탄함.

북한에서 차가 생산되고 있는 강령(북위 37.9도)의 강령은정차재배원과 금동은정차재배원, 고성(북위 38.6도)의 고성은정차재배원과 비슷한 위도에는 남한의 일산, 서울의 상계1동, 도봉동 등이 위치해 있습니다. 서울의 기후와 비슷할 것 같지만 바다에 가까운 지리적 위치와 지형적 차이 때문에 북한 최남단인 강령의 차나무는 최저 영하 19도의 추위를 이겨내고 7월에 첫차가 나온다고 합니다.

온난화로 우리나라도 차 재배지가 400km 이상 위쪽으로 올라와 최북단인 강원도 고성에서 2005년경부터 차 재배를 시도해 2009년 첫 제품이 나왔습니다. 고성군 관내 11개 농가의 14.1ha(약 4만 2,000평)에 차가 재배되고 있는데요, 차나무가 얼어 죽지 않고 살아남는 비결은 삼한사온三寒四溫의 겨울 날씨라고 합니다.

은정차 중 강령녹차의 맛을 필자의 주관적인 느낌의 시음기로 소개하기보다는 은정차를 접한 다른 사람들의 의견으로 대신하고자 합니다.

강령 녹차 특징

- 은정차재배원은 외국의 차 재배지에 비해 위도가 높은 곳에 위치한 지리적 특성으로 인해 차의 맛과 향기가 독특하다.

- 은정차의 특징은 구수한 맛과 진한 향기, 독특한 색깔에 있다.

- 강령녹차는 생각보다 매우 부드럽고 우아했다. 청포도의 향같이 맑은 향기가 감돌면서 쓰거나 떫지 않았다. 그윽한 아기 냄새 같은 유향이 살포시 혀끝에 감기면서 단맛이 감겨왔다.

- 강령녹차는 차를 담은 케이스만 보아도 북한에서 온 것임을 짐작할 수 있다. 겉면에는 "차고뿌에 록차 3g을 넣고 85℃ 이상 되는 물을 부어 5분 정도 지난 다음 마십니다"라고 쓰여 있다. 그러나 다도동호회 '다경향'에서 여러 번 실험한 결과, 강령녹차의 잎이 매우 예민하여 60도에서 우려낸 후 물의 양을 한 잔당 3분의 1 이하로 마셔야 그 진가가 나온다고 한다.

해풍을 맞으며 낮은 기온을 이겨낸 강령녹차, 통일이 되어 자유롭게 많은 사람들이 마실 수 있기를 바랍니다.

12

차 때문에 전쟁이
일어났다고요?

서구 차문화의 주역으로 중국의 차를 전세계에 알린 영국은 차나무의 잎과 싹으로 만든 차가 원인이 되는 전쟁을 치렀습니다. 영국은 중국과 두 차례에 걸친 아편전쟁을 치렀는데, 아편 문제가 직접적인 원인이 되었지만 실상 그 이면에는 차 무역 문제가 자리 잡고 있었습니다. 또 식민지 미국의 보스턴 항구에서는 높은 차 세금과 미국의 차무역을 막는 영국에 불만을 품은 미국인들이 차를 바다에 던져 버리는 사건이 일어났습니다.

	아편전쟁	보스턴 티 파티Boston tea party
시기	제1차 1839~1842 제2차 1856~1860	1773년 12월 16일
원인	영국이 차로 인한 대중국 무역 손실을 아편 공급으로 회복하기 위해 일으킨 전쟁	식민지에서 과도한 차 세금을 징수하던 영국에 반발한 미국 국민이 차를 바다에 버린 사건
결과	영국이 승리했으나 중국과의 관계 악화로 차 수입에 어려움을 겪으며 인도에서 차 재배를 시도하게 됨	미국 독립전쟁의 시발점이 됨

영국과 미국은 모두 차 생산국

차로 인해 큰 전쟁을 치른 영국과 미국은 자국에서 차를 생산하기 위한 노력을 시작했습니다. 영국은 식민지인 인도에서 자생하는 차나무 카멜리아 시넨시스 아싸미카(대엽종, Camellia sinensis (L.)var. assamica (Masters) Kitamura)를 찾았지만 중국의 차나무와는 다르다고 생각했습니다. 그래서 중국 차나무 묘목, 종자카멜리아 시넨시스 시넨시스(소엽종, Camellia sinensis var. sinensis)와 제다 기술자를 데리고 와 인도와 스리랑카 일대에서 재배에 성공한 후 드디어 차의 생산국이 되었습니다.

처칠 수상이 1940년대부터 영국 본토에서 차 재배를 시도한 이래 자국에서의 차 생산에 대한 애정이 담긴 꾸준한 노력으로 본토에서의 차나무 재배에도 성공하였습니다. 영국 트레스넌Tregothnan에 위치한 다원은 다르질링과 지형기후가 비슷한 곳으로, 이곳에서 생산된 차는 2005년부터 판매되고 있습니다.

미국 역시 소량이나마 자국에서 차를 생산하고 있습니다. 그 역사를 짚어볼까요?

미국은 영국보다 먼저 차나무 재배에 성공해 사우스캐롤라이나, 앨라배마, 캘리

포니아, 오리건, 워싱턴, 미시시피, 하와이 등 해안지역에서 차를 재배하고 있으며 홍차, 녹차, 백차, 오룡차 등 다양한 종류의 차를 생산하고 있습니다. 아직은 주로 티백용 차를 생산하고 있지만 미국 차 산업이 어떤 모습으로 발전할지 기대가 됩니다.

영국과 미국은 국가재정이 흔들리고 전쟁도 불사할 만큼 차를 원했는데요, 그러한 방법이 꼭 옳다고 할 수는 없지만, 전쟁이란 큰 희생의 대가로 차나무를 재배하고 차를 만들게 되었으니, 차가 무엇인지 다시 한번 생각하게 됩니다.

미국의 차 재배 역사

1700년대 후반	•중국 차나무를 미국에 관상용으로 들여옴.
1880년	•미국 정부가 조지아와 사우스캐롤라이나에 차 재배를 시도. •기후 문제와 높은 생산 비용으로 실패를 거듭함.
1888년	•사우스캐롤라이나주 서머빌의 파인허스트 차 농장The Pinehurst Tea Plantation에서 재배에 성공.
1915년	•상을 받으며 품질이 검증된 좋은 차를 생산하던 찰스 셰퍼드 박사Dr. Charles Shepard가 세상을 떠남.
1950년대	•셰퍼드 박사의 사망 이후 약 45년 동안 야생으로 방치.
1963년	•사우스캐롤라이나주 로스트의 워드멜로우 아일랜드에 파인허스트 농장의 차나무를 식재함.
1987년	•식재 후 24년간 고비용과 생산성 문제로 연구를 거듭하다 윌리엄 버클리 홀William Barclay Hall이 만든 아메리칸 클래식 차American Classic tea로 상업화에 성공.
2003년	•비글로 차 회사Bigelow Tea Company와 동업을 시작. •'찰스턴 차 농장Charleston Tea Plantation'이라는 이름으로 품질 좋은 차를 생산. •백악관 공식 차 납품업체로 지정됨.

13

크림티, 하이티,
로우티가 뭐예요?

크림티cream tea, 하이티high tea, 로우티low tea는 모두 애프터눈 티afternoon tea 성격을 갖는 이름이라고 할 수 있습니다.

애프터눈 티는 늦은 저녁을 먹는 영국 귀족들이 오후의 출출함을 달래기 위해 식사 대용으로 다식tea food을 곁들여 즐기던 오후의 티 타임tea time입니다.

애프터눈 티를 즐길 여유가 없던 서민들은 이른 저녁식사와 함께 차를 마시는데, 높은 식탁에서 고기와 함께 먹는다고 해서 하이티 또는 미트티meat tea라 부릅니다. 상대적으로 로우티는 바닥에서 마셨을 것이라는 생각이 드는데요, 귀족들은 애프터눈 티를 거실의 낮은 탁자에 올려두고 소파 등에서 시중을 받으며 편안하게 마셨다고 합니다. 살롱의 낮은 탁자에 차를 두고 가벼운 다식과 함께 즐겼기 때문에 로우티라 부릅니다.

애프터눈 티와 함께 즐기는 크림과 티푸드

크림티는 애프터눈 티를 즐길 때 클로티드 크림clotted cream이 함께하는 경우 부르는 이름입니다. 따끈한 스콘에 클로티드 크림의 고소함과 딸기잼의 달콤함. 이게 바로 크림티가 꾸준히 사랑받는 이유 아닐까요? 애프터눈 티에 애용되는 클로티드 크림과 크림티에 대해 조금 더 알아보겠습니다.

크림티 종류

종류	내용
클로티드 크림	유지방 함량 55% 이상의 살균처리하지 않은 우유를 가열 후 응고시켜 만드는 크림으로 스프레드처럼 발림성이 좋다.
데번 크림티	데번 클로티드 크림Devon clotted cream 혹은 데번셔 크림Devonshire cream.
	두툼한 스콘scone을 가로 방향으로 반을 가른 후 클로티드 크림을 듬뿍 바르고 그 위에 딸기잼을 올려 먹는다.
콘월 크림티	코니시 클로티드 크림Cornish clotted cream 혹은 코니시 크림Cornish cream.
	코니시 스플릿Cornish split이라는 롤roll을 스콘 대신 먹는다. 코니시 스플릿 또는 스콘의 윗면에 버터를 살짝 바르거나, 딸기잼을 바른 후 그 위에 클로티드 크림을 듬뿍 올려 먹는다.

14

우리나라 최초의 차상품은 무엇이었나요?

차를 좋아하는 사람이라면 강진 다산초당과 월출산 자락에 넓게 펼쳐진 차밭을 보며 가슴이 탁 트이는 느낌을 가져본 적이 있을 겁니다. 월출산 차밭 풍경을 보며 차의 향기와 맛을 음미하다 보면 몸과 마음이 정화되는 느낌을 받을 수 있습니다. 필자는 매해 강진과 해남으로 차 기행을 떠납니다. 같은 곳을 가는데도 갈 때마다 좋고, 새로운 곳처럼 설렙니다.

강진에는 이한영 선생이 만든 우리나라 시판 차상품인 '백운옥판차'가 있습니다. 백운동의 옥판산에서 딴 찻잎으로 만들어서 이름이 백운옥판차입니다. 그 이전에는 '금릉월산차'라는 상표를 사용했는데 강진의 옛 지명인 금릉과 월출산을 줄여서 월산이라고 붙여진 이름입니다. 백운옥판차는 1939년 가을 이에이리 가즈오 家入一雄가 백운옥판차를 보고『조선의 차와 선』에 수록한 것이 최초의 기록입니다. 그 후 금당 최규용(1903~2002) 선생의『금당 다화』에 백운옥판차에 대한 내력이 자

세히 실리면서 세상에 알려지게 되었습니다.

이한영 선생은 '차를 많이 마시면 정신이 맑아지니 자주 음용하면 건강해진다'고 말했고, 차 맛에 대해 묻자 '첫맛은 쓸쓸하지만 뒷맛이 향기가 난다'고 했습니다.

차를 담는 봉지에는 목판에 새긴 상표와 차꽃 무늬를 찍어 자세한 제다방법을 기록하고, 상품화시켜 판매된 차라고 볼 수 있습니다.

백운옥판차 이야기

이한영 선생을 도와 백운옥판차를 만들었던 조래순 할머니에 의하면 이한영 선생은 제다에 대한 관심뿐만 아니라 한약 조제에도 식견이 뛰어나 오래 앓은 천식을 치료하기 위해 스스로 약초를 구해 생식을 했다 한다.

백운옥판차 제다 방법은 "곡우가 지나면 아침 일찍 망태기를 짊어지고 백운동 일대의 야생 차나무 잎을 따 모았다. 해질 무렵 돌아와 가마솥에 불을 땐 뒤 갓따온 찻잎을 솥에 넣고 살짝 데친 뒤 꺼내 비빈다. 가마솥에 세 번씩 찻잎을 덖었다. 불의 온도를 조절해 가면서 찻잎을 덖은 뒤 시루에 쪄서 비비기도 했다. 차가 푸른빛을 잃을 때 불을 멈추고 손으로 조금씩 비벼서 온돌에 깐종이 위에 말린다"고 이야기한다.

조래순 할머니의 이야기는 『조선의 차와 선』에 나온 백운옥판차 제조법과 거의 일치하는데요. 일제 강점기 속에서도 차의 전통적인 제다 방법의 명맥을 이은 녹차를 상품화하였고, 직접 개발한 목판에 새긴 상표와 포장지 등이 현재까지 후손에 의해 전해지고 있습니다.

근현대 많은 차인들도 우리 차의 명맥을 살려내고 있습니다. '잭살영감' 조병권 옹, 김복순조태연 씨의 '죽로차'와 '작설차', 의재 허백련 선생의 '춘설차', 효당 최범술 스님의 '반야로', 화개제다, 아모레퍼시픽, 보성 대한다업 등이 그 뒤를 잇고 있습니다.

화개 노인들 사이에서는 '잭살'이라 하여 찻잎으로 감기몸살 약을 만들어 먹는 모습을 볼 수 있는데요, 봄에 찻잎을 거칠게 훑어 따서 그늘에 시들시들하게 말린 뒤 멍석 위에 놓고 비벼서 다시 말린 것을 말합니다. 1년 사철 몸살감기에 들면 잭살을 푹 끓여 마셨고, 신통하게 들었다고 합니다.

　전통 제다법을 복원하고 우리 차나무에 맞는 제다법을 개발하여 요즘은 여러 지역에서 다양한 차를 상품으로 만들고 있습니다. 우리가 잊고 있었던 우리 차를 보전하고 널리 알리려고 하는 후손들의 노력은 직근성의 차 뿌리처럼 올곧음이 닮아 있습니다. 차 문화의 대단한 일면이 아닐까요?

15

영국 사람들은 정말
종일 홍차를 마시나요?

　'영국'을 떠올리면 '홍차의 나라'라는 수식어만큼 친근한 게 없습니다. 홍차 마시는 시간을 중심으로 사교문화를 꽃피워 왔던 영국에서는 하루 7~8회의 티 타임을 정해서 차를 마실 만큼 홍차를 사랑했습니다.

　영국의 대표적인 티 타임인 애프터눈 티는 베드포드Duke of bedford 가문의 7대 공작부인인 안나 마리아Anna Maris(1788~1861)로부터 시작되었습니다. 당시 영국의 식사 풍습은 아침은 풍성하게 먹고 점심은 가볍게 먹으며, 저녁은 8시쯤 먹었다고 합니다. 자연히 4~5시 무렵이 되면 배가 고파지는데, 안나 마리아는 공복을 달래기 위해 샌드위치나 구운 과자와 함께 차를 준비하고 친구들을 초대해 즐겼다고 합니다. 이 시간은 점차 차를 마시며 사교를 나누는 시간으로 발전했고, 점차 왕실에서 중산계층으로 확대되어 일반 서민층까지 전파되었습니다. 애프터눈 티는 빅토리아 여왕시대에 사교의 장, 예술과 문화에 관한 정보 교류의 장이 되었고, 차와 함께 도자기, 꽃 장식 등 또 다른 문화 발전에 영향을 미치기도 했습니다.

애프터눈 티 타임은 여유롭게 차를 마실 뿐 아니라, 마음을 풍요롭게 하는 시간이었고, 영국 사람들의 차에 대한 애정은 여러 차례의 티 타임에 각각 이름을 붙일 만큼 각별했습니다. 그렇다면 영국 사람들이 즐기는 티 타임은 어떤 것이 있는지 한번 살펴볼까요?

시간대별 영국의 티 타임

Early Tea(Bed Tea)	일어나자마자 마시는 차
Breakfast Tea	아침 식사와 함께 마시는 홍차
Eleven Tea	오전 11시경에 마시는 차
Mid Day Tea	점심 식사 이후에 기분 전환 겸 가볍게 마시는 차
Afternoon Tea	영국인들이 가장 즐기고, 잘 알려진 차로 오후 4시에서 4시 30분 사이의 시간에 가장 우아하고 낭만적으로 즐기는 차
High Tea	저녁 식사와 함께 즐기는 차
After Dinner Tea	저녁 식사를 마치고 여유로울 때 마시는 차
Night Tea	잠자리에 들기 전에 마시는 차

혹자는 요즘처럼 여유 없는 시대에 어떻게 옛날 영국인들처럼 한가하게 시간대별로 차를 마실 수 있겠느냐고 의아해 하기도 합니다. 티 타임의 의미가 횟수에만 있는 것은 아닙니다. 차를 마시기 위해 시간을 내는 마음의 여유가 '쉼休'의 시작이 아닐까요?

16

차꽃도
봄에 피는 거죠?

차나무는 가을에 흰 꽃이 피어 영화로움을 드러내고, 전 해에 달려서 떨어지지 않고 있던 열매와 새로 핀 꽃이 1년 만에 만나 마주본다고 해서 '실화상봉수實化相逢樹'라 합니다. 열매와 꽃이 만나는 나무는 흔치 않으니 차나무는 정말 신비로운 나무입니다.

후황이 아름다운 차나무를 귤의 덕과 짝되게 하시니,

받은 천명 그대로 옮기지 않고 남쪽 나라에서 사네.

빽빽한 잎은 눈과 싸우며 푸르고

하얀 꽃은 서리에 씻기며

가을의 영화로움을 드러낸다네.

后皇嘉壽配橘德, 受命不遷生南國, 密葉鬪霰貫冬靑, 素花濯霜發秋榮.

『동다송東茶頌』

대부분 나무의 꽃은 봄에 볼 수 있고, 자귀나무, 능소화, 배롱나무, 무궁화처럼 여름에 피는 나무도 있지만 가을 혹은 초겨울에 꽃을 보기란 쉽지 않습니다. 차나무의 꽃은 10~11월 사이 피는데 보통 흰색 또는 연분홍색으로 피고, 꽃잎은 5장이며, 꽃밥은 노란색, 열매는 둥글며 슬쩍 모가 져 있습니다. 열매는 꽃이 핀 다음 해 봄부터 자라기 시작하여 가을에 익기 때문에 꽃과 열매를 같은 시기에 볼 수 있고, 열매가 익으면 터져서 갈색의 단단한 씨가 나옵니다.

차나무가 잘 자라기 위해서는 연평균 기온이 12~13℃에서 17~18℃, 연평균 강수량은 1,400~2,400mm의 기후조건으로 북방한계선은 북위 45도 근방, 남방한계선이 남위 35도 근처로 알려져 있지만 지구 온난화의 영향으로 우리나라에서는 남쪽 끝 제주도에서부터 북으로는 강원도 고성에서도 차가 재배되고 있습니다.

허차서의 『다소』에 나오는 차나무

차는 옮기지 못하는 본성으로 반드시 종자로 심어야 산다.
옛사람이 혼인이 결정되면 반드시 차로써 예로 삼았으니
시집간 딸이 옮겨 살지 않는다는 뜻이다.
금인이 혼례에 '차를 내린다'는 명칭과 같다.

茶不移本, 植必子生. 古人結婚, 必以茶爲禮,
取其不移置子之意也. 今人猶名其禮曰下茶.

명나라 때 사람 허차서許次抒가 쓴 『다소茶疏』에서 말하듯 원예기술이 부족하던 시절 차나무는 옮겨 심으면 쉽게 죽기 때문에 이러한 직근성을 상징으로 시집가는 신부에게 차를 예물로 삼게 하였고, 한 곳에서 뿌리내리며 잘 살기를 바라는 염원

을 담고 있습니다. 혼례를 끝낸 신부는 친정에서 마련한 차와 다식으로 시댁 사당에 차례를 올렸습니다. 차는 예부터 기호음료뿐만 아니라 약용으로도 크게 대접을 받았습니다. 차나무의 싹과 잎을 차로 만들어서 마시고, 꽃을 띄워 차를 마시고, 차 씨는 기름을 내어 여자들의 머릿기름으로, 전쟁 때는 창칼에 입은 상처에 바르는 상비약으로 사용되기도 했습니다.

　차는 옮겨 심으면 죽는 지조, 사철 푸른 잎의 한결같음, 흰 꽃의 순수함, 아래를 향하여 꽃 피우는 겸손으로 우리가 갖춰야 할 미덕을 몸소 보여주고 있습니다. 지금부터라도 이런 차를 닮아가려고 노력해 보면 어떨까요?

17

홍차는 모든 나라에서
다 생산되나요?

차의 생산 지역 범위는 북위 45도에서 남위 35도까지로 매우 폭넓지만, 기후 조건이나 자연 환경 등에 따라 차 생산량이 달라집니다. 홍차의 주 생산지는 대부분 적도와 북회귀선 사이의 열대 혹은 아열대지역에 많이 분포되어 있고, 그 범위를 특별히 '티 벨트Tea belt'라고 부릅니다. 홍차는 약 30개 이상의 국가에서 생산되는데 북쪽으로는 구소련 조지아공화국에서 남쪽으로는 아르헨티나까지 넓은 범위에서 재배되고 있습니다.

티벨트에서도 가장 좋은 지역으로는 인도, 중국, 방글라데시, 스리랑카, 말레이시아, 케냐, 튀르키에, 인도네시아 등이 꼽힙니다. 홍차 생산 최적지는 실제로 홍차가 많이 생산되는 생산량과도 밀접한 관계가 있습니다.

티 벨트

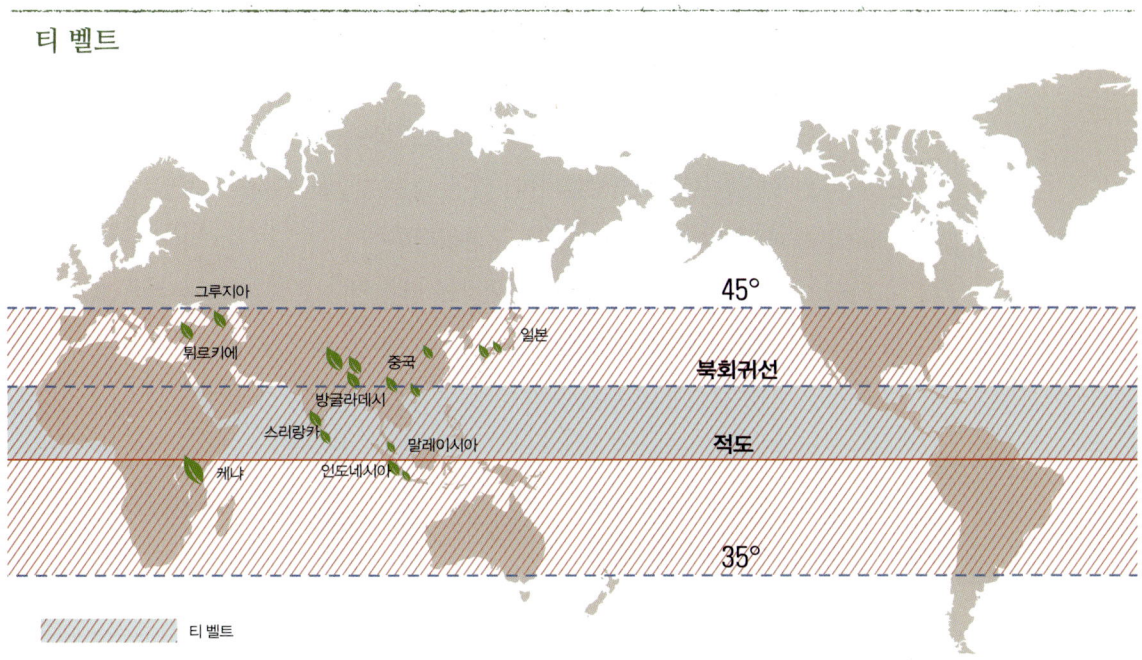

그루지아
튀르키에
중국
일본
방글라데시
스리랑카
말레이시아
케냐
인도네시아
45°
북회귀선
적도
35°

/////// 티 벨트

차 생산량 상위국가 현황(2013년 FAO 통계, 단위 : 톤)

순위	국가	2005년	2011년	2012년	2013년
1	중국	940,500	1,623,000	1,789,753	1,924,457
2	인도	830,700	1,095,460	1,135,070	1,208,780
3	케냐	295,000	377,912	369,400	432,400
4	스리랑카	301,800	327,500	330,000	340,230
5	베트남	110,000	206,600	211,500	217,700
6	튀르키에	202,500	221,600	225,000	212,400
7	인도네시아	171,400	150,200	143,400	145,800

홍차 생산지에서는 1년에 여러 번 찻잎을 따는데, 그 해에 가장 품질이 좋은 차

가 생산되는 계절을 퀄리티 시즌quality season이라고 합니다.

퀄리티 시즌의 차 따는 시기가 명확하게 구분되는 홍차는 인도산 홍차입니다. 다른 지역의 홍차는 어느 시기에 만들어졌는가보다는 만들어진 지 어느 정도 되었는가 하는 '신선도'를 더 중시합니다. 가장 많은 찻잎을 수확할 수 있는 베스트 시즌best Season과 퀄리티 시즌은 다르게 구분됩니다.

나라마다 다양한 종류의 신선한 홍차와 퀄리티 시즌이 다른 홍차가 생산되고 있습니다. 여러 가지를 비교해 보며 내가 좋아하는 홍차가 무엇인지 찾아보고 퀄리티 시즌 별로 신선한 홍차를 즐겨 보면 어떨까요?

나라별 퀄리티 시즌

	1월	2월	3월	4월	5월	6월	7월	8월	9월	10월	11월	12월
닐기리(인도)	✿	✿					✿	✿				
다르질링(인도)			퍼스트 플러시	퍼스트 플러시	세컨드 플러시	세컨드 플러시		서드티	서드티 오톰널	오톰널	오톰널	
아쌈(인도)					✿	✿						
누와라엘리야(스리랑카)	✿	✿	✿									
딤블라(스리랑카)		✿	✿									
우바(스리랑카)							✿	✿	✿			
기문(중국)				✿	✿		✿	✿				
정산소종(중국)				✿	✿							
케냐	✿	✿					✿	✿				
인도네시아							✿	✿	✿			

세계에서 차를 가장 많이
마시는 나라는 어디인가요?

우리가 물 다음으로 많이 마시는 음료는 '차'가 아닐까 합니다. 차에 관심이 있는 사람들이라면 세계에서 차를 가장 많이 마시는 나라가 어디일지, 국민 1인당 얼마나 마시고 있을지 한 번쯤 궁금해 하는데요, 많은 사람들이 차를 가장 많이 마시는 나라는 중국일 것이라고 생각합니다. 차의 역사가 중국에서 시작되었고, 중국의 다양한 차 종류와 차 생활에 대한 이야기를 많이 들어왔기 때문입니다.

그러나 세계에서 차를 가장 많이 마시는 나라는 튀르키예입니다. 튀르키예의 차 음용량은 해마다 늘어나서 2014년 유로모니터가 1인당 차 소비량을 조사한 결과 연간 1인당 3.1kg으로 영국, 아일랜드, 러시아를 제치고 1위를 차지했습니다.

튀르키예는 비단길 무역을 통해 16세기경 차를 처음 접했지만 당시에는 크게 주목받지 못했고, 19세기말부터 서서히 소비가 증가하며 20세기에 들어, 홍차는 튀르키예에 고유의 문화와 만나 실용적으로 재탄생하여 주요 음료시장을 형성하였습니다.

튀르키예는 차를 재배하기에 알맞은 기후와, 음료를 좋아하는 국민적 성향을 모두 갖춘 나라로 튀르키예 사람들은 진한 튀르키예식 홍차를 하루에 많게는 열

세계 각국의 1인당 차 소비량

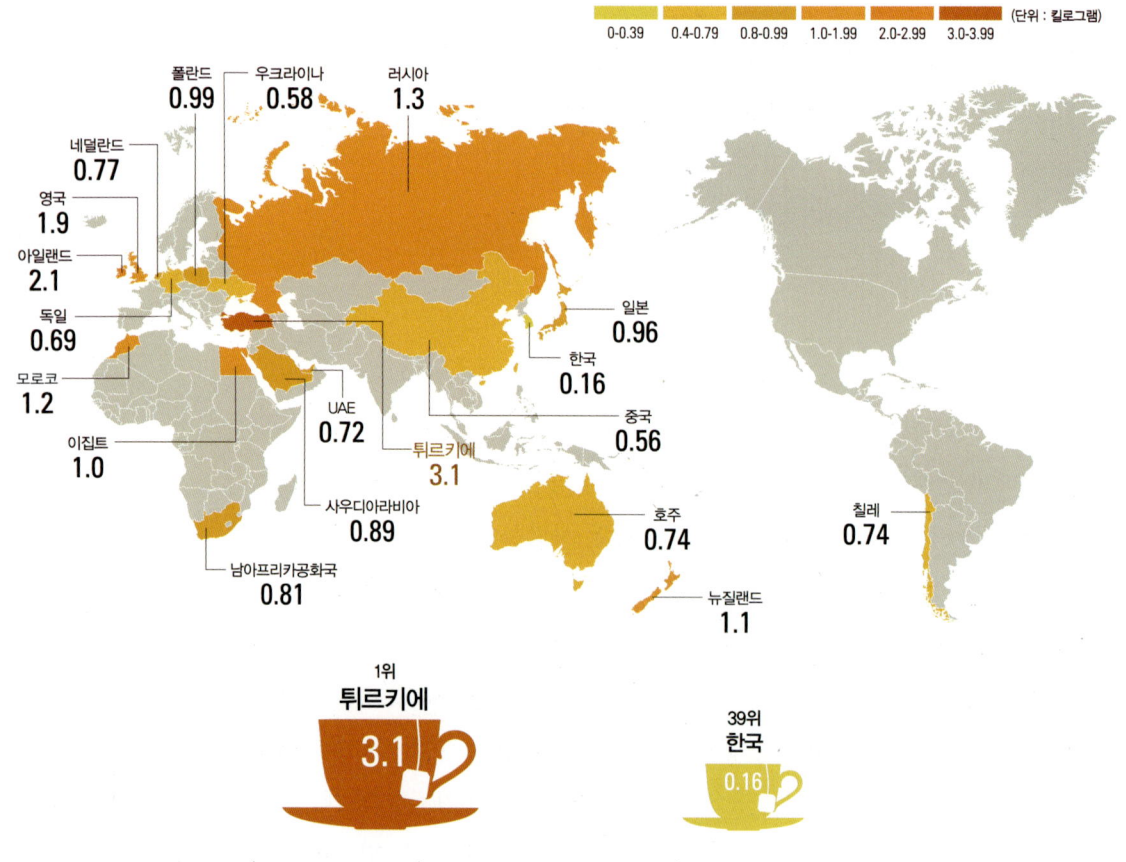

(단위 : 킬로그램)

| 0-0.39 | 0.4-0.79 | 0.8-0.99 | 1.0-1.99 | 2.0-2.99 | 3.0-3.99 |

폴란드
0.99

우크라이나
0.58

러시아
1.3

네덜란드
0.77

영국
1.9

아일랜드
2.1

독일
0.69

모로코
1.2

이집트
1.0

일본
0.96

한국
0.16

UAE
0.72

튀르키에
3.1

중국
0.56

사우디아라비아
0.89

호주
0.74

칠레
0.74

남아프리카공화국
0.81

뉴질랜드
1.1

1위
튀르키에
3.1

39위
한국
0.16

잔까지 마십니다. 튀르키에의 차 생산량은 세계 6위이며2014년 기준, 차 산업이 국가
경제에도 많은 영향을 미친다고 합니다. 튀르키에에서 생산되는 차의 5%만이 수
출되며, 수입 차에는 정부가 145%의 관세를 부과하는 까닭으로 내수의 비중이 클
수밖에 없습니다. 튀르키에는 인구의 90%가 이슬람교를 믿고 있는 무슬림국가로

손님을 극진히 대접하는 풍습이 있습니다. 주인은 정성들여 맛있는 차를 끓이고 손님이 그만 마시겠다고 할 때까지 계속해서 권하는 것이 튀르키예의 차 문화입니다. 튀르키예에서는 노천의 찻집을 쉽게 찾을 수 있고, 곳곳에서 차를 마시며 담소 談笑를 나누는 사람들을 볼 수 있습니다. 튀르키예에는 "차 없는 대화는 달 없는 밤하늘과 같다"라는 속담이 있고, 어디를 가든 누구를 만나든 "차 한 잔 할래?"라는 말을 들을 수 있습니다. 담소를 나누는 데 차는 매우 중요한 역할을 하는데요, 차를 마시며 대화를 나누는 것이 일상의 가장 행복한 순간 아닐까요?

튀르키예는 대화를 좋아하고, 손님을 극진히 대접하려는 정서를 가진 국민이 차를 만나 고유의 전통적인 생활 방식과 문화로 정착시킨 좋은 예를 보여주는 나라입니다. 필자는 누군가를 설득하고 싶을 때, 이야기를 길게 진행하고 싶을 때, 마음을 나누고 싶을 때 차 마시기를 권합니다. 마음을 나눌 수 있다면 얻지 못할 게 없습니다. 마음을 나누기 위한 시작으로 우리만의 차와 문화를 만들어가면 어떨까요?

19

'말차'의 말은 沫, 末, 抹 가운데
어떤 한자가 맞나요?

가루차인 말차의 한자 표기를 '末茶, 抹茶, 沫茶'로 각기 다르게 표기하고 있어 혼란스러울 때가 많습니다. 사전에는 이렇게 나옵니다.

말차抹茶 | 차나무의 어린 순을 말려 가루로 만든 차. 더운물에 타서 마심.

말차는 찻잎의 재배 방법과 따는 시기, 제다 방법에 따라 여러 등급으로 나뉘고 사용 목적에 따라서 각기 다른 한자로 표기됩니다.

末茶 물에 잘 녹는 속용분말速溶粉末 가루차. 末=끝 말(끝, 지엽枝葉)

抹茶 진한 농차濃茶용으로 만든 가루차. 抹=가루 말(가루, 가루를 냄)

沫茶 덩이차나 잎차를 곱게 갈아 체로 쳐서 만든 차로, 끓인 물에 넣어 휘저은 차.
沫거품 말(거품, 물방울)

마시는 음료로서의 차는 말차抹茶, 그 원료가 되는 가루 자체는 '말차末茶'라고도 합니다. 중국에서는 일본과 같이 말차抹茶(뭐차mǒchá)로 표기하는데, 특이하게 말차抹茶의 원료가 되는 가루를 말차末茶(발음은 mò. 성조가 다름)라고 합니다. 일본에서는 맛챠まっちゃ라고 하면 말차抹茶와 말차末茶 모두를 말하며, 표기할 때는 말차抹茶를 쓰고 있습니다.

고대 중국에서는 抹茶를 末茶라고 했었는데, 돌로 찻잎을 으깨어서 가루로 만들었기 때문에 차의 이름에 분말의 의미를 부가하여 末茶라고도 썼습니다. 점차 시장에서는 전문적으로 가루를 가는 돌이 나타나면서 抹茶라고 칭했다고 합니다. 말차는 가루차 내지 분말차粉末茶=粉沫茶의 줄임말이므로 한자로는 말차末茶=沫茶로 쓰는 것도 맞습니다. 육우의 『다경』, 초의의 『동다송』에도 말末로 쓰고 있습니다. 그러나 지금은 일본에서 사용하는 말차抹茶로 통칭하고 있으며, 다른 한자의 말차는 거의 사용되지 않습니다.

한국, 일본, 중국이 공통으로 사용하는 '抹茶'로 기억하면 됩니다.

차회를 마칠 때 마무리 인사를 뭐라고 해야 할지 고민될 때가 있습니다. 한 번은 말차를 내주며 "끝말의 의미가 있는 말차를 끝으로 찻자리를 마치겠습니다"라고 재치있게 응대하던 팽주가 기억이 납니다. 시작이 있으면 끝이 있는 법, 말차로 끝맺음을 지어보면 어떨까요?

둘

茶、
만들다

20

일본 사람들은
가루차만 마시나요?

일본의 전통 차문화를 생각하면 엄격한 격식에 따라 '말차'를 저어 마시는 '다도茶道'가 떠오르지만, 실제로는 일본 차 소비량의 80%를 차지하는 '전차煎茶(센차)'가 더 대중적입니다. 전차는 찻잎을 작게 썰어 만든 차를 우려 마시는 것이고, 말차는 곱게 갈아서 만든 차 가루를 풀어 마시는 차입니다. 차의 형태도 다르고, 마시는 과정이나 방법에도 차이가 있습니다.

대중적인 센차, 다도는 맛차

전차를 다관에 넣고 차에 따라 물의 온도를 맞춰 우려 마시는 과정을 전다도煎茶道라 합니다. 전다도는 가루차 다도를 의미하는 차노유茶の湯에 대한 모방으로, 전차를 우려 마시는 방법을 형식화된 규범으로 만들게 되면서 생겨난 용어입니다. 차노유는 말차에 탕수를 붓고 찻솔로 거품을 내어 의식을 갖춰 마시는 방법입니다. 일본에서 다도라고 하면 차노유를 말하는 것입니다.

전차는 이밖에 여러 의미로 쓰입니다. 차의 한 종류를 뜻하기도 하고, 차를 끓이거나 우려 마시는 방법을 나타내기도 합니다.

전차는 또 가장 대표적인 일본 녹차로, 전차용 찻잎은 일광재배를 합니다. 일본 차는 크게 차광遮光재배와 일광日光재배로 분류하며, 말차는 차광재배한 찻잎으로 만듭니다. 차광재배와 일광재배를 통해 각각 다르게 생산된 찻잎들이 어떤 차가 되는지 살펴보겠습니다.

차광재배 차

- **교쿠로玉露** 일본의 최고급 녹차. 차나무 새싹이 올라올 즈음 약 3주간 햇빛을 차단함으로써 감칠맛은 늘리고 쓴맛과 떫은맛이 적은 찻잎을 증제한 차. 찻물의 색이 연한 옥빛과 같아 '옥색 이슬'로 불린다.

- **덴차碾茶** 교쿠로와 같이 차광재배한 찻잎을 찐 뒤, 유념을 하지 않고 건조시킨 다음 줄기나 잎맥을 제거한 차로, 말차의 원료로 사용된다.

- **맛차抹茶** 덴차를 차맷돌로 갈아 2~3미크론μ의 미세한 분말로 만든 차다.

- **카부세차冠茶** 카부세かぶせ는 '덮다, 씌우다'라는 뜻으로 차를 따기 전 7~10일 정도 햇빛을 차단해 재배한 찻잎을 이용해 센차와 같은 방법으로 만든 차. 옥로차와 센차의 중간 정도에 해당하는 차다.

일광재배 차

- **센차**煎茶 일본의 대표적인 녹차. 찻잎을 증기로 찐 다음 비벼서 가는 바늘 형태로 만든 차. 상품일수록 감칠맛이 나며 후츠우센차普通煎茶(보통전차)라고도 한다. 센차의 첫 수확은 4월인데, 일본에서 4월은 '모든 것을 시작하는 달이자 새로운 계절의 시작'으로 보기 때문에 이때 출시되는 센차는 '신차新茶'라고 불린다.

- **후카무시차**深蒸し茶 보통의 전차보다 2배 정도약 60초~90초 찻잎을 찌는 시간이 길기 때문에 섬유질이 파괴되고 많이 부서진다. 떫은맛이 없고 탕색은 진한 녹색이다.

- **호우지차**焙茶 하급 센차를 강한 불로 덖어 만든 차로 카페인이 적고 진한 보리차처럼 구수한 향기와 맛이 나는 게 특징이다. 식사와 함께 마시는 음료로 애용된다.

- **겐마이차**玄米茶 일상적으로 마시는 반차番茶라 불리는 녹차에 구운 현미, 튀긴 곡물을 혼합하여 구수한 맛과 향기가 나는 게 특징이다. 카페인과 카테킨이 상대적으로 적어 어린이와 노인들도 편하게 마실 수 있다.

일본의 차는 생활예술입니다. 고전적이면서도 절제된 미를 갖춘 다도의 행위와 과정을 더 중시하다 보니, 단순하게 차 맛을 즐기는 데에 머물지 않습니다. 다도를 통해 몸과 마음을 가꾸는 데 가치를 두기 때문입니다. 다도를 연마하겠다고 마음을 먹는다면 최소 수 년에서 수십 년의 세월을 견딜 각오가 필요합니다. 몸과 마음을 바로하는 일에 오랜 시간, 아니 평생이 걸리는 건 어쩌면 당연한 일이겠죠. 내 마음밭을 가꾸고 싶다면 차생활을 시작해 보시기 바랍니다.

21

동방미인을 마시면
미인이 되나요?

차의 이름 중 특별했던 이름을 물으면 대만의 '동방미인東方美人'을 꼽습니다. 차를 마시는 사람은 모두 '아름다운 사람美人'이지만, 이 차를 마시면 특히 더 예뻐질까 하는 설렘 때문이겠죠.

이 차가 동방미인이란 이름을 얻게 된 유래는, 영국 여왕이 차를 맛본 후에 그 달콤하고 매혹적인 향기에 반해 '동방의 미인Oriental Beauty'의 향기라고 칭찬한 데서 비롯되었다고 하는데요, 어디까지나 설에 불과합니다.

동방미인은 대만을 대표하는 명차로 정식 명칭은 대만오룡臺灣烏龍입니다. 흰 솜털인 백호白毫가 덮여 있어 '백호오룡白毫烏龍'이라고도 부르죠. 주요 산지는 대만의 신주新竹, 먀오리苗栗 일대이며 대만오룡차 중 가장 높은 산화발효도를 갖고 있는 차로, 홍차와 비슷한 수준입니다.

영국 왕실에서는 홍차의 극품으로 다르질링을, 오룡차의 극품으로 동방미인을 꼽을 정도인데요, 이러한 동방미인의 유명세에는 자연의 영향, 그 중에서 해충이

큰 역할을 담당합니다. 초록애매미충이라고 부르는 소록엽선小綠葉蟬(부진자)이 찻잎의 진액을 빨게 되면 벌레의 침타액과 섞여 찻잎이 붉게 변화되는데요, 이때 발생하는 화학반응으로 달콤한 과일향청포도향과 꿀향이 특징인 동방미인의 맛을 만듭니다. 이렇게 고유의 향과 맛을 내기 위해서는 소록엽선으로부터 해를 입은 찻잎을 사용해야 하므로, 소록엽선이 가장 왕성하게 활동하는 망종芒種에서 대서大暑 전후 약 2주간 채취된 찻잎이 좋습니다. 친환경 찻잎으로써 매력을 지닌 동방미인은 소록엽선이 찻잎의 진액을 충분히 빨아먹도록 유도하기 위해 차나무에 농약을 사용하지 않는 특징이 있습니다.

그밖에 동방미인은 다음과 같은 특징을 지닌 차입니다.

동방미인의 특징

- **향香** 천연의 숙과향熟果香
- **미味** 꿀의 단맛
- **색色** 홍, 백, 황, 갈, 녹의 5가지 색
- **형形** 자연스럽게 꽃이 오그리고 있는 모양
- **탕湯** 우려낸 찻물색은 호박색

자연이 허락해 주어야 좋은 차를 만들 수 있다 보니 그 양은 매우 적습니다. 그럼에도 불구하고 시장에서 어렵지 않게 구해 마실 수 있는 차이기도 한데요, 많은 동방미인이 겉으로 보기에는 비슷해 보일지 모르지만 부진자로부터 만들어지는 천연의 숙과향, 꿀향 없이 이름만 동방미인인 경우도 많습니다. 자연의 향을 인위적으로 만들 수는 없습니다!

오룡차 중 가공 공정이 제일 복잡하고 사람 손이 많이 가 노동력도 가장 많이 드는 차가 동방미인이라고 합니다. 미인이 되는 길은 역시 쉬운 일이 아닙니다. 오늘은 과일 대신 청포도향 가득한 동방미인 한잔 해보시죠.

22

녹차가 그린티면,
홍차는 레드티인가요?

녹차는 영어로 그린티green tea입니다. 탕색이 붉은 홍차는 당연히 '레드티red tea'라고 생각하기 쉽습니다. 그런데 서양인들은 홍차를 '블랙티black tea'라고 부릅니다. 동서양에서 홍차를 부르는 이름이 이렇게 달라진 것은 왜일까요?

동양에서는 찻잎을 우려낸 탕색이 붉어 '홍차紅茶'라고 하지만, 서양에서는 제다한 찻잎의 검은 빛깔 때문에 '블랙티'라고 부릅니다. 홍차가 블랙티라는 이름을 갖게 된 것은 16세기 중엽 중국에서 유럽으로 녹차 외에 산화발효된 차를 수출하면서입니다. 독특한 향과 맛이 유럽인들의 기호에 맞아 많은 인기를 얻으며 중국의 주요 수출품으로 자리 잡게 된 산화발효차는 통역 과정에서 기존 차와의 구분을 위해 '블랙티'로 명명하였고, 지금까지 그 이름으로 통용되고 있는 것입니다.

'레드티'는 남아프리카 원주민들이 즐겨 마시던 붉은 탕색의 루이보스rooibos 차를 말합니다. 루이보스는 케이프타운Cape Town의 고산지대에서 자라는 콩과의 침엽수로 허브의 일종인데, 수세기 동안 남아공 사람들에게 사랑받아온 차입니다. 남아공의 작은 산맥인 시더버그Cederberg와 웨스턴 케이프Western Cape에서 재배되는 루이보스 나무의 잎을 건조시켜 만든 루이보스 차는 우려낸 색이 홍차와 매우 유사하여 케이프지방에 이주한 네덜란드인들이 홍차 대용으로 애용했다고 합니다. 스트레이트로 음용하는 방법 외에 가향 블렌딩을 하거나, 밀크티, 라떼로도 마시는데 마시는 방법도 홍차와 비슷합니다.

차를 마시고 싶어도 카페인 때문에 꺼려지는 경우가 종종 있습니다. 루이보스는 카페인이 없어 불면증이 있는 사람들에게도 추천할 수 있으니, 카페인으로부터 자유로운 레드티루이보스차, 한잔 맛보실래요?

23

차에서 나는 좋은 향기는
어떻게 만들어지나요?

녹차를 처음 마시면 누구나 온화한 풋풋함에 반하게 됩니다. 철관음鐵觀音을 마신 뒤에는 달콤한 꽃향에 놀라 "어떻게 이런 향이 나지?" 하고 의심 아닌 의심을 품게 되기도 합니다. 이후 더 많은 종류의 오룡차와 만나게 되면 "혹시 차에 무슨 향기를 집어넣었나?" 하는 궁금증까지 생깁니다. 찻자리에 어울리다 보면 한 번은 들어볼 수 있는 이야기입니다. 차를 마시는 경험이 쌓일수록 다양한 향과 맛을 지닌 차들을 경험하게 되면서 좋아하는 차의 종류도 변합니다. 이름만 들어도 향기가 피어오르는 아리산 오룡, 대홍포, 봉황단총 등의 깊고 넓은 향에 취해본 사람이라면 암골화향岩骨花香, 복숭아향, 꽃향, 밀蜜향, 열대과일향, 유향乳香 등의 표현들이 차에서 나는 향을 지칭한다는 사실이 낯설지 않을 겁니다.

차에서는 꽃향기뿐만 아니라 수많은 방향芳香물질로 인해 사람을 기분 좋게 하는 향기가 만들어지는데요, 차를 만드는 과정에서 생겨난 것입니다.

생엽 향기 성분의 대부분은 풀냄새리프알콜성분, 흔히 말하는 풀 비린내로 약 60%

를 차지하며, 휘발 온도가 낮아 살청을 하는 과정에서 날아가 버리거나, 열에 의해 분자구조가 변화하면서 좋은 향으로 바뀌게 됩니다.

다양한 차의 향

구분	찻잎에 함유된 성분의 향	가공공정 중 열에 의한 향	보관 중 변질에 의한 냄새
	어린잎의 산뜻한 풋향 은방울꽃의 가볍고 상쾌한 향 장미꽃 향 쟈스민의 달콤하고 중후한 향 열대과일이나 복숭아의 향 유향 목질향 씁쓸한 향	구수한 향 파래향 탄배향	쩐 내, 묵은 냄새

오룡차는 차 맛의 7할을 향으로 즐긴다 해도 지나친 말이 아닙니다. 오룡차의 독특한 향기와 맛을 내기 위해서는 품종의 특징 외에 차를 만들 때 '주청做青' 공정이 매우 중요한데요, 주청은 다시 요청搖青과 량청晾青으로 구분됩니다.

오룡차의 가공 공정

채엽 ⇨ 위조 ⇨ 주청요청+량청 ⇨ 살청 ⇨ 유념 ⇨ 건조 ⇨ 선별 ⇨ 배화홍배+탄배

요청이 인위적인 흔들림과 부딪침으로 찻잎에 상처를 내는 동적 과정이라면, 정치靜置라고도 하는 량청은 요청 후 올라간 찻잎의 온도를 내리고 수분 분포를 조절할 수 있도록 펼쳐두어 찻잎 스스로 고요해지게 만드는 정적인 과정입니다. 이 과정을 통해 찻잎 세포조직의 부분적 손상과 찻잎에 함유되어 있는 성분들이 가수분

해와 산화발효를 촉진시켜 방향물질의 생성을 유도할 수 있는 조건을 만들어 주고, 쓴맛과 떫은맛도 감소시키게 됩니다.

　대체로 기온이 낮은 고산지역에서 생산된 오룡차가 맛과 향이 깊고 품질이 좋은데, 이는 일교차가 큰 지역의 찻잎에 방향유도물질이 많이 생겨 차의 향이 풍부해지기 때문이죠. 많은 명차급의 오룡차들이 고산지대에서 생산되는 이유도 여기에 있습니다.

　오룡차의 맑은 청향淸香과 농후한 단맛의 여운은 '회감回甘(차를 마신 뒤 입안에 머무는 단맛)'을 느끼기에 부족함이 없습니다. 차! 그 이름을 부르는 것만으로도 입안에 향이 퍼집니다.

24

홍차라고 해서 구입했는데
왜 녹차와 더 비슷하죠?

우리나라에서는 4월 20일 곡우穀雨 이전에 채엽해 만든 차를 우전雨前이라고 부르는데요, 보통 햇차라고도 합니다. 인도의 고산지대인 다르질링에서도 비슷한 시기에 다르질링 퍼스트 플러시Darjeeling 1st Flush라는 '첫물차'가 나옵니다. 인도의 북동쪽 히말라야와 맞닿은 다원에서 자란 다르질링 퍼스트 플러시 건차는 이른 봄의 새싹과 녹색 잎이 많고, 수색은 연한 황록색이며, 싱그럽고 풋풋한 향기가 납니다. 이런 홍차를 앞에 두고 보면 많은 이들이 눈과 코를 의심하게 됩니다. 우리가 상식적으로 알고 있는 붉은 색의 홍차가 아닌, 녹차와 백차 같은 맑은 연녹색의 '홍차'이기 때문이죠.

6대 다류의 분류는 기본적으로 산화발효 정도를 기준으로 합니다. 하지만 이 기준이 절대적일 수는 없습니다. 차는 농산물의 일종이자 사람이 만드는 가공품이기 때문에 사실 규격화하기가 매우 어렵습니다. 다르질링 퍼스트 플러시는 하나의 기준으로 분류하기 애매한, 여러 가지 특징을 지닌 경계선에 있는 차입니다.

세계적인 차 산지인 다르질링은 고급 홍차 이미지의 대명사이며, 인도차의 역사이자 자부심이기도 한 곳입니다. '홍차의 샴페인'이란 애칭답게 독특한 맛과 향은 경작지의 해발 고도와 토양, 기후와 수확 시기, 짙은 안개, 차나무 품종 및 각각의 다원이 지닌 제다법과 기술에 따라 특별한 맛을 냅니다. 다르질링 퍼스트 플러시는 모든 다르질링 차 중 최상품으로 매우 고가에 판매됩니다. 4월 중순까지 생산되는 퍼스트 플러시First Flush 시즌이 끝나고 나면 세컨드 플러시Second Flush, 오톰널Autimnal 등으로 이어지는데, 매 시기에 따라 색향미의 차이가 있습니다.

다르질링 홍차의 채엽 시기

• **퍼스트 플러시** | 3~4월 수확 | 첫물차

• **세컨드 플러시** | 5~6월 수확 | 두물차

• **오톰널** | 10월 이후 수확 | 세물차(가을차)

녹차는 채엽 후 살청을 하고, 오룽차는 위조와 주청 등을 통해 원하는 정도의 산화발효를 유도한 뒤에야 살청을 합니다. 홍차는 살청 과정 없이 산화발효가 진행되면 바로 건조 과정에 들어가는데요, 이러한 제다 방법의 기준이 찻물색의 붉고 푸름을 떠나 다르질링 퍼스트 플러시를 홍차의 범위에 넣게 만든 이유입니다.

세계 최고의 차 품평가들은 자신이 좋아하는 차의 Top 리스트에 다르질링 퍼스트 플러시를 올립니다. 녹차처럼 가볍고 싱그럽지만 단단하고 꽉 찬 단맛이 매력적이기 때문인데요, 히말라야 끝자락에서 산 기운을 한껏 품은, 붉지 않은 '홍차'한 잔 해보시는 건 어떨까요?

25

차는 발효된 건가요,
산화된 건가요?

앞에서 우리는 차의 6가지 대분류가 제다 과정에서 산화발효를 기준으로 분류한 것이라고 배웠습니다. 구체적으로 차를 만드는 과정에서 산화와 발효는 어떻게 다른 것일까요? 효소의 작용으로 만들어지는 차는 '산화차', 미생물의 작용으로 만들어지는 차는 '발효차'라고 구분할 수 있습니다. 하지만 발효차라는 말은 흔해도 산화차라는 말은 듣기가 어려웠습니다. 과학적으로 따질 경우 많은 차들이 적절한 산화의 과정을 통해 만들어집니다. 차에서 말하는 산화란 찻잎에 함유되어 있는 폴리페놀 성분이 가공 과정 중에 산화효소와 결합하여 생기는 화학적 변화를 말합니다. 이해를 돕기 위해 쉽게 갈변되는 사과를 예로 들어보겠습니다. 사과를 깎아 두고 시간이 지나면서 갈색으로 변하는 모습을 볼 수 있는데, 이것이 바로 산화 현상입니다. 차와 연결해 이야기해 보면 막 깎은 사과가 비 산화된 녹차라면, 깎아둔 지 오래되어 갈색 또는 흑갈색의 효소가 형성된 사과는 완전 산화된 홍차에 해당됩니다. 녹차와 홍차의 중간쯤이라고 생각할 수 있는 오룡차는 반산화차가 되겠죠. 이 '산화'를 지금까지 '발효'라고 말해왔고, 이미 오랫동안 습관적으로 발효차라고 불러왔기 때문에 지금도 여전히 '산화를 의미하는 발효'라고 부르고 있습니다. 사실 더 깊이 들여다보면 산화효소에 의해 차가 만들어지는 과정이나, 미생물이 작용하여 발효가 되는 과정에서도 산화 발효가 서로 영향을 미치지 않는다고 단정지을 수 있을지는 의문입니다. 발효라 표현하는 것이 익숙한 현실을 반영하여 이 책에서는 효소에 의해 산화된 차는 '산화발효'를 함께 붙여 사용하였으며, 미생물이 관여한 차에는 발효로 쓰고 있음을 밝혀둡니다.

서양학자들의 오류 '홍차의 발효'

19세기 초 영국이 홍차 제조를 시작할 당시, 홍차를 제조하는 과정에 산화효소에 의해 찻잎이 적갈색으로 변하는 현상을 미생물이 관여하는 것으로 잘못 판단하여 '발효'라고 규정하였다. 즉 홍차의 제조 공정 시에 발효가 일어나는 것으로 착각하고 홍차를 발효차라고 명명하였다. 이후 과학적 실험을 통해 잘못된 학설이었다는 것이 밝혀졌음에도 고착된 오류로 만들어진 '발효'란 용어를 바꾸기는 쉽지 않았다.

차에서 말하는 '발효'는 사실 일반적으로 발효식품으로 인정되는 된장이나 간장, 김치가 익는 그 발효와는 의미가 조금 다릅니다. 미생물에 의해 발효가 진행되는 후발효차인 흑차는 많은 양의 찻잎을 쌓아 물을 뿌려주고, 찻잎 자체의 온도와 습도를 높여 습열작용으로 미생물이 활성화하게 합니다.

지금까지 이야기에서 알 수 있듯이 차의 성분에서 가장 중요한 물질은 폴리페놀입니다. 차의 산화나 발효에 관여하며 색향미를 만들어내는 중요한 역할을 하기 때문입니다. 찻잎에는 폴리페놀과 함께 폴리페놀을 산화시키는 효소polyphenol oxidase가 함께 들어있어 갈변현상을 일으키는 원인이 된다고 말씀드렸습니다. 즉

효소에 의해 산화된 찻잎이 황색, 적색, 갈색 등으로 변하며 독특한 향기와 맛, 탕색을 나타내는 작용을 합니다.

차는 가공 과정에서 이 폴리페놀 산화효소가 어느 정도 통제되었는가를 기준으로 분류합니다. 찻잎을 높은 온도에서 덖거나 증기로 살청하여 산화효소가 작용하지 못하게 만든 것이 녹차입니다. 폴리페놀 산화효소 활동량의 많고 적음에 따라 경산화발효차輕酸化醱酵茶, 반산화발효차半酸化醱酵茶, 중산화발효차重酸化醱酵茶(오룽차), 완전산화발효차(홍차)로 분류하고 있습니다.

찻잎의 효소는 50~60℃의 온도에서 활발히 활동하기 때문에 가공 과정 중 온도 조절을 통해 효소의 활동을 조절합니다. 비산화차인 녹차는 산화를 진행하는 효소의 작용을 최대한 빨리 멈추게 하고, 오룽차류는 폴리페놀 산화효소를 어느 정도 제한하느냐에 따라서 산화발효도가 다양한 차를 만들 수 있는 것입니다.

또한 산화발효작용에 따른 변화 과정 중 폴리페놀이 산화 중합되면서 테아플라빈차황소, 테아루비긴차홍소, 테아브로닌차갈소이 생성되는데, 점차 탕색이 어두워지는 이유입니다.

홍차는 '완전산화발효차'이기 때문에 찻잎을 살청하지 않고 폴리페놀 산화효소가 왕성하게 작용할 수 있도록 하여 갈변이 되도록 유도합니다. 앞서의 설명대로 홍차는 효소의 작용으로 만들어지는 차이기 때문에 발효라는 말 대신 '산화'가 맞지만, 이미 오랫동안 관용적으로 사용해 왔기 때문에 산화를 의미하면서 '발효'라 쓰고 있습니다.

차의 산화와 발효! 그 경계를 명확하게 구분 짓는 일은 한계가 있지만, 알고 사용하는 것과 모르고 사용하는 것에는 큰 차이가 있지 않을까요?

26

생차는 뭐고
숙차는 뭔가요?

보이차에 대해서는 방송 매체를 통해 어느 정도 친숙하지만 생차生茶와 숙차熟茶는 생소한 단어일 겁니다. 보이차는 만드는 방법에 따라 생차와 숙차로 나뉩니다. 보이생차란 운남대엽종 차나무의 생엽을 덖고 비빈 뒤 햇볕에 말린 짙은 녹색의 초벌차인 쇄청차曬青茶를 눌러 만든 각종 모양의 긴압차를 말하고, 보이숙차란 쇄청차를 원료로 악퇴, 쾌속후발효에 따라 숙성시킨 산차와 긴압차를 말합니다. 보이생차와 보이숙차는 둥글고 도톰한 빈대떡과 같은 모양이지만 색이나 맛에서 한눈에 구별이 될 만큼 차이가 큽니다. 보이생차의 외형은 녹색 빛이 나고 탕색은 맑은 연녹색으로 짙은 풀 향이 나는 녹차에 가깝습니다. 그러나 보이숙차는 쾌속후발효로 인해 외형과 탕색이 검은빛이 도는 갈색으로 흑차와 비슷해 보입니다.

숙차는 제조 과정에서 악퇴를 거친 것이고 생차는 악퇴를 거치지 않고 자연에 발효를 맡긴다는 점에서 차이가 있습니다. 주의할 점은, 생차도 자연적으로 잘 익어 숙성이 되면 숙차라고 한다는 사실입니다. 2009년 중국 정부가 제정한 보이차

조례에 따르면 오랜 시간 저장을 통해 자연완만후발효되어 숙성된 보이차도 숙차로 분류하기로 하였습니다. 오랜 세월과 함께 익어갔든지, 인공적으로 발효를 촉진해 익혔든지 그 여부에 상관없이 숙성된 차는 모두 '숙차'라는 것입니다.

악퇴의 방법

- **악퇴 환경**
  - 직사광선이 닿지 않는 곳
  - 실온 25~35℃, 공기 중 상대습도 85%

- **퇴적**
  - 찻잎을 15~65cm 두께로 쌓아 물을 뿌려 함수량을 높인 후 젖은 천을 덮어 보온, 보습의 효과를 통해 성분의 변화를 촉진
  - 퇴적 찻잎의 적정 함수량은 60~65%(지나치게 높을 경우 부패되기 쉬우므로 주의)
  - 퇴적한 찻잎이 많을수록 유익한 미생물의 번식량 증가
  - 보이차의 경우 퇴적 단위는 보통 10톤 정도

- **번퇴翻堆**
  - 퇴적된 찻잎을 뒤섞어 온도를 내려주고 미생물이 골고루 번식할 수 있는 환경 조성

- **악퇴 기간**
  - 보통 40~60일

- **건조**
  - 악퇴 공정을 마친 차는 1주일 정도 자연 바람으로 건조시킨 후 완성

후발효 공정에는 수십 년 동안 천천히 자연적으로 숙성시키는 완만발효 방법의 자연완만후발효와 악퇴 과정을 통해 짧은 시간에 미생물을 인공적으로 쾌속발효

시키는 인공쾌속후발효가 있습니다.

가공 방식에 따른 보이차의 종류

•생차
살청 ⇨ 유념 ⇨ 쇄청 ⇨ 긴압 ⇨ 건조 ⇨ 생차 ⇨ 숙차자연완만후발효

•숙차
살청 ⇨ 유념 ⇨ 쇄청 ⇨ 악퇴 ⇨ 건조 ⇨ 숙차인공쾌속후발효

자연완만후발효된 숙차의 특징을 보면 외형의 색은 검은 빛이 나는 밤색, 찻물은 황금빛이 도는 맑은 붉은색, 우린 잎은 밤색, 독특한 묵은 향과 두터운 미감에 단맛을 냅니다. 현재 유통되고 있는 짙은 밤색의 보이차는 대부분 인공쾌속후발효시킨 후발효차로 수년씩 걸리던 숙성 과정을 단 1~2개월로 단축해 만든 차입니다. 1973년 이후 개발된 이 공법은 미생물을 발효 주체로 하여 미생물발효차라고 부르기도 합니다.

또한 자연완만후발효된 차를 어디서 보관하느냐에 따라 습창濕倉과 건창乾倉으로도 구분할 수 있습니다. 저장공간의 실내온도가 30℃ 이상, 습도 80% 이상의 고온다습한 환경에 보관한 보이차를 습창차, 상온상습의 공간에서 보관한 보이차를 건창차라고 합니다.

보이차의 처음과 끝을 온전하게 이해하기는 쉽지 않습니다. 그 변화무쌍함은 수십 년에 걸쳐 일어나기도 하지만, 악퇴를 거쳐 몇십 일만에 완성되기도 합니다. 세월이 응축된 자연의 맛, 기술로 응축시킨 실용의 맛, 모두 차입니다.

27

나무틀에 찍어 만드는 차가
있다고요?

덩어리 모양의 차라고 하면 가장 먼저 보이차가 떠오르지만 녹차, 홍차, 백차, 오룡차에도 덩어리 형태의 긴압차가 있습니다. 질문에서처럼 나무틀에 찍어 낸 덩어리 모양의 차는 장평수선漳平水仙이라는 오룡차를 말하는데요, 일반적인 오룡차 형태인 줄기형조형이나 원형과는 사뭇 다른 정육면체의 모양이 특징입니다.

중국 푸젠성 남부 장평의 수선품종으로 만들어 수선병차라고도 합니다. 차를 만든 후 증기에 쪄서 정사각형 나무로 만든 목갑木匣 틀에 넣어 형태를 갖추고, 백지에 싸서 불에 쬐어 완전히 말리는데, 백지에 싸서 말린 차여서 지포차紙包茶라고도 부릅니다.

'수선'이라는 명칭은 '광동수선'이나 민북오룡의 '무이수선'에도 보여서 헷갈리기 쉽지만, 장평수선은 민남오룡에 속하는 차입니다. 오룡차는 생산 지역에 따라 민남오룡, 민북오룡, 광동오룡, 대만오룡으로 분류합니다. 푸젠성 푸저우시에 흐르는 민강閩江을 중심으로 민강 위 지역에서 생산되는 오룡차를 민북오룡, 그 아래

지역에서 생산되는 오룡차를 민남오룡으로 나누는 것이 일반적 기준입니다. 때로는 푸젠성에서 생산되는 많은 종류의 오룡차를 동서남북으로 세분화하여 구분짓기도 하는데요, 그럴 경우 장평수선은 민서오룡閩西烏龍이 됩니다.

형태에서 알 수 있듯 장평수선 품질의 핵심은 긴압입니다. 홍배烘焙●를 하기 전 먼저 찻잎을 나무로 만든 목갑에 담아 눌러서 모양을 잡아주는데, 이때 찻잎이 상하지 않게 세심한 기술이 필요합니다.

정육면체 모양을 잡은 상태로 홍배를 하게 되는데요, 정도에 따라 찻잎 속에서 드문드문 붉은색을 볼 수 있는 삼홍칠록三紅七綠이 됩니다. 푸른색에 가까울수록 산화발효가 덜 되어 청향의 싱그러운 맛을 내고, 붉은색에 가까울수록 산화발효가 많이 되어 농향濃香의 잘 익은 맛을 냅니다.

장평수선은 혼자 마시기에는 다소 많은 양입니다. 온 가족이 둘러앉아 긴압된 차가 서서히 풀어지는 과정을 감상하며, 미뤄뒀던 다담茶談을 나눠보면 어떨까요? 백합, 재스민, 산목련 향이 한데 어우러진 장평수선을 마시며 수다秀茶의 기쁨을 누려보길 권합니다.

홍배
건조를 마친 차를 약한 불에서 오랜 시간 서서히 다시 건조시켜 차의 향기를 북돋아 주는 과정. 탄배 또는 복배라고도 한다.

28

오룡차, 암차, 청차는
차이점이 뭔가요?

오룡차, 암차嚴茶, 청차는 같으면서도 다른 차입니다.

청차는 6대 다류의 하나로 건차 색이 청갈색靑褐色이어서 청차라 부르고, 생산 지역에 따라 민북오룡, 민남오룡, 광동오룡, 대만오룡으로 나뉩니다. 오룡은 원래 차나무 품종 중 하나였으나 대만오룡이 전 세계로 알려지며 '오룡차는 곧 청차'라 는 개념이 확산되었고, 청차를 부르는 또 하나의 이름으로도 인정되고 있습니다. 따라서 오룡차와 청차는 대체로 같은 말이라고 할 수 있습니다.

반면에 암차는 산지의 특징이 반영된 이름으로, 암석으로 이루어진 우이산武夷 山에서 자란 찻잎으로 만든 청차를 뜻합니다. 여러 청차 중에 우이산 청차만을 '암 차'라고 부르는 것입니다. 한편, '무이차武夷茶'는 우이산 지역에서 생산되는 차를 종류와 관계없이 부를 때 쓰는 용어입니다.

우이산에서 나오는 암차 중에는 특별히 '정암차正嚴茶' 또는 '무이암차'라고 부르 는 차도 있습니다. 이 차는 우이산 풍경구 70m² 내의 정암차 구역인 명암산구名嚴

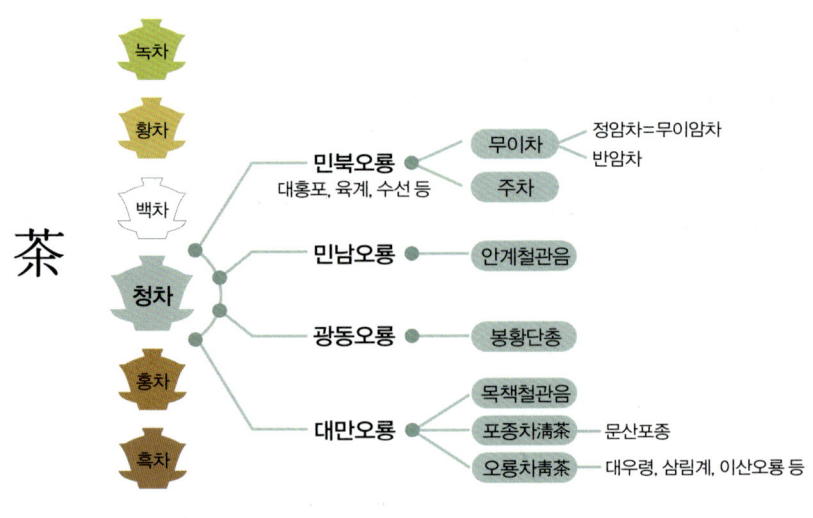

<table>
<tr><td></td><td>민북오룡
대홍포, 육계, 수선 등</td><td>무이차</td><td>정암차=무이암차
반암차</td></tr>
<tr><td></td><td></td><td>주차</td><td></td></tr>
<tr><td></td><td>민남오룡</td><td>안계철관음</td><td></td></tr>
<tr><td></td><td>광동오룡</td><td>봉황단총</td><td></td></tr>
<tr><td></td><td>대만오룡</td><td>목책철관음</td><td></td></tr>
<tr><td></td><td></td><td>포종차淸茶</td><td>문산포종</td></tr>
<tr><td></td><td></td><td>오룡차靑茶</td><td>대우령, 삼림계, 이산오룡 등</td></tr>
</table>

녹차 / 황차 / 백차 / 청차 / 홍차 / 흑차 / 茶

産區에서 생산되는 청차만을 의미합니다. 정암 지역을 벗어난 단암산구丹岩産區에서 생산되는 청차는 '반암차半岩茶'라 하고, 이외의 무이산 지역에서 생산되는 청차는 '주차州茶'라 합니다.

암차(우이산 청차) 분류

생산지	정암차	반암차	주차
	삼갱양간이암三澗兩坑二岩 혜원갱慧苑坑 우란갱牛欄坑 도수갱倒水坑(=대갱구大坑口) 류향간流香澗 오원간梧源澗 천심암天心岩 마두암馬頭岩	청사암靑獅岩 벽석암碧石岩 사자구獅子口 구곡九曲 등	숭계崇溪 구곡계九曲溪 황백계黃柏溪 등

반산화발효차는 절반 정도 산화발효 됐다는 개념으로, 비산화차인 녹차와 완전 산화발효차인 홍차의 중간 정도로 볼 수 있습니다. 반산화발효의 범위가 넓어서 대만에서는 산화발효도가 낮은 포종차包種茶를 청차淸茶로, 산화발효도가 높은 차는 오룡차로 구분하기도 합니다.

청차의 발효 정도

- **경발효**輕醱酵 삼림계, 포종
- **중발효**中醱酵 민북오룡, 민남오룡, 광동오룡
- **중발효**重醱酵 백호오룡

청차, 오룡차, 암차, 반산화발효차는 깊이 들여다보면 서로 다르지만, 넓게 펼쳐 보면 서로 비슷하여 그 명칭이 혼용되고 있습니다. 다양한 차나무 품종, 제다 방법의 전문성, 떼루아terroir•의 특별함을 상징하는 각각의 이름을 이해하고 특징을 알아가는 재미가 차 맛 못지않게 쏠쏠합니다.

> **떼루아**
> 토양을 의미하는 프랑스어로, 차가 만들어지는 모든 환경. 즉 차가 자라는 토양과 지형, 기후 조건, 자연 조건과 지역적 특징에 맞는 제다 과정까지 포함.

29

고산차도
차 이름인가요?

    고산차高山茶는 해발 1,000m 이상 지역에서 생산되는 차를 말하는 것으로 품종이나 특정 상품의 이름은 아닙니다. 해발 1,500m 이상 지역에서 생산되는 차를 고랭차高冷茶로 구분하기도 하지만 일반적으로 고산차로 부르고 있습니다. 대만 고산차가 유명하며, 산 이름인 동딩산東頂山, 아리산阿里山, 리산梨山, 허환산合歡山, 다위링大愚嶺 등을 차 이름으로 부릅니다. 다위링은 해발 2,200~2,600m로 차나무가 재배되는 가장 높은 곳입니다.

    보이차도 해발 1,000~2,000m 정도의 고원지대에서 생산되고, 홍차가 나는 다르질링의 차밭들도 고원지대에 있지만, 고산 보이차, 고산 홍차라는 말은 들어보기 어렵습니다. 단순히 높은 지역에서 나는 차를 고산차라 하는 건 아닙니다.

    대만 고산차가 생산되는 지역은 열대기후보다 서늘한 아열대기후와 온대기후가 나타납니다. 일교차가 크고 강우량이 많아 습도가 높고, 토양이 비옥하며 고산의 풍부한 운무는 수분 증발을 막아 찻잎의 품질을 높여주면서 직사광선으로 인한 찻잎의 손상도 예방해 줍니다.

보통의 차밭 환경과 다르게 큰 일교차가 차나무 생장에 영향을 줄 때 고산차라 합니다. 고산의 차나무는 큰 일교차와 제한적인 일조량으로 찻잎의 생장 속도가 늦습니다. 색향기미色香氣味가 천천히 무르익으면서 카테킨 함량이 적어지고 감칠맛을 내는 아미노산이 많아집니다.

고산차의 특징

- 싹과 잎의 크기 차이가 확실하다. 고도가 높아지며 기온이 낮아지고 제한적인 일조량으로 찻잎의 성장이 느려지기 때문에 첫 번째 싹과 두 번째 잎의 크기가 확연하게 차이가 난다.

- 봄에 만든 차라면 완성된 차에 흰 점이 보여야 한다. 싹을 제외한 잎들은 햇빛을 충분하게 받으며 자랐기 때문에 제다 후 진녹색으로 변하지만 새로 올라온 싹은 성장이 늦어 싹을 감싸고 있는 솜털에 의해 가공 후 흰 점으로 보이지만, 차를 만든 계절에 따라 흰 점이 보이지 않을 수도 있다.

- 고산 지역의 찻잎은 일조량과 낮은 기온의 영향으로 여리며 두툼하다.

높은 산 중에서도 기온 차이가 확실히 나는 지역에서 생산된 차에 고산차라는 이름을 붙일 수 있습니다. 오룡이라는 이름을 청차의 대명사로 만든 고산차의 맑은 청향과 감칠맛은 언제나 싱그러운 봄날을 느끼게 합니다.

남산타워　　설악산 한계령　　　제주도 한라산　　　　다위링

30

백차는 뭐가
흰색인가요?

완성된 찻잎과 탕색이 희게 보여 일반적으로 백차라 불리지만, 모든 백차가 흰색인 것은 아닙니다.

현재 만들어지고 있는 백차의 종류로는 백호은침白毫銀針, 백모단白牡丹, 신공예백차新工藝白茶, 공미貢眉, 수미壽眉, 월광백月光白 등이 있습니다.

대표 백차인 백호은침은 흰 솜털이 감싸고 있는 어린 싹으로 만들기 때문에 차 색은 은색이고, 끝이 뾰족한 바늘 모양이어서 실버팁silver tip이라 부르는데요, 백호은침을 제외한 백차의 건엽은 백색이 아닙니다. 찻물은 숙성 정도에 따라 미황색부터 적황색까지 다채롭지만 백색이 나지는 않습니다.

백차는 '1년 차茶, 3년 약藥, 7년 보寶'라는 말이 있습니다. 처음 차로 만들어 3년이 지나면 약이 되고, 7년 동안 잘 숙성하면 보배가 된다는 뜻인데요, 시간을 두어 잘 숙성할수록 좋은 차가 된다는 이야기입니다. 바로 마셔서 좋은 차도 있지만 세월을 보내며 진가를 드러내 더 좋은 차가 되기도 하는데요, 바로 백차가 그렇습니다. 중국의 일반 가정에서 백차는 열을 내리는 상비약으로 여길 만큼 약성이 강조되는 차입니다.

백차의 분류

제다 원료에 따라 •**백아차**白芽茶 싹 − 백호은침

　　　　　　　•**백엽차**白葉茶 잎 − 신공예백차, 백모단, 공미, 수미

제다 원료의 구성에 따라 •**아형**芽形 백호은침

　　　　　　　•**아엽형**芽葉形 백모단, 신공예백차

　　　　　　　•**다엽형**多葉形 공미, 수미

백차의 종류

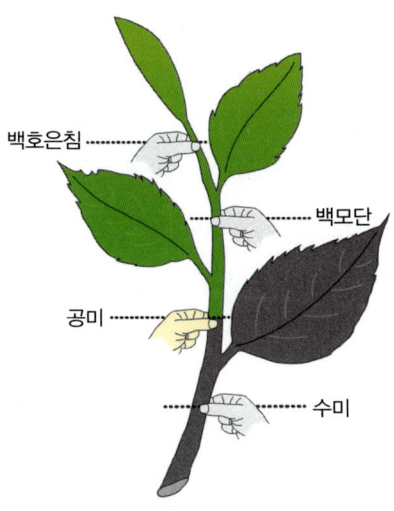

백호은침 ⋯⋯⋯

백모단

공미 ⋯⋯⋯

수미

신공예백차는 1960년대 말 중국차업공사복주분공사(현 복건차엽수출입유한책임공사)와 복정유관차창이 함께 연구해서 만들어 낸 새로운 차로, 아주 약하게 유념하기 때문에 차 모양은 길쭉하게 살짝 말린 모양반조형이고, 약한 산화발효 과정을 거쳐 전통방법보다 높은 온도로 홍배를 합니다. 처음에는 수출용으로 개발하였으나 중국 내 선호도가 높아짐에 따라 주로 내수용으로 소비되고 있습니다.

백차와 신공예백차 비교

종류	건엽 색	탕색	가공 공정
백차	흰색 갈색 철청색	담황색 은행색	선엽 → 위조 → 자연건조 혹은 홍배
신공예백차	청회색 황색 홍색	붉은 오렌지색	선엽 → 경위조 → 경발효 → 경유념 → 홍배

월광백은 운남대백종의 찻잎으로 만드는 백차입니다. 그늘에서 위조하는 과정을 달빛에 차를 말린다는 은유로 표현하여 이름을 삼았고, 또한 찻잎이 커서 제다 후 말린 모습이 초승달과 같다고 하여 월광백으로 부르게 된 차입니다.

화향형백차花香形白茶는 오룡차를 만드는 품종의 차나무 잎을 백차 가공방법으로 만드는 차로, 공부백차라고도 합니다.

백차는 만드는 방법도 중요하지만 일반적으로 차나무의 품종 자체가 다릅니다. 주로 어떤 품종이 이용되는지 볼까요?

백차는 중국의 푸젠성 젠양建陽, 정허政和, 푸딩福鼎, 쏭시松溪 등의 지역과 네팔, 스리랑카, 태국, 미국, 아프리카 등 전 세계에서 생산되고 있습니다. 중국에서는 푸젠의 복정대백 품종에서 파생된 일부 품종으로 만들어야 백차라고 하는데요, 중국을 제외한 다른 백차 생산 국가들은 지역이나 차나무 품종이 아닌 백차 제다법을 따라 만든 차 종류라고 주장합니다.

복정대백종 품종의 새싹으로만 만든 차에 하얀 털이 덮여 있어 백차라는 이름을 얻었지만, 백호은침을 제외한 다른 백차에는 갈색잎이 섞여 있는데요, 이 갈색잎은 백차 가공법을 지켜 만들었다는 증거가 됩니다. 찻잎을 따 얇게 펼쳐 위조를 시키면 찻잎에 자연산화가 일어나기 시작합니다. 다른 차들은 산화효소의 활성화를 중단하는 과정을 거치지만 백차와 홍차는 그렇지 않습니다. 티 폴리페놀과 폴리페놀옥시데이스라는 산화효소가 활성화되며 찻잎의 색이 변하게 됩니다. 백차는 유념을 하지 않기 때문에 자연스럽게 산화가 진행되어 갈색으로 변합니다. 유념을 하여 산화효소에 의한 변화를 촉진시키면 검갈색의 홍차가 됩니다.

백차의 순한 맛과 향은 블렌딩 차의 베이스로 무난해 인기가 높아 전 세계에서 생산되고 있는 추세입니다. 중국 내에서도 품종에 제한을 두지 않고 백차 가공법으로 만드는 백차와 신공예라는 이름으로 백차 가공법에서 벗어나는 백차가 만들어지고 있습니다. 전통을 고수하면서 한편으로 새로운 변화를 거듭하는 백차, 중국 전통극 변검變臉의 다양한 얼굴처럼 다음의 변화가 기대됩니다.

31

흑차에 금화가 핀다는 게
무슨 말이에요?

흑차는 인공후발효차로 건차는 흑색 또는 흑갈색이고 향기와 맛은 순하고 부드러우며 찻물은 진한 홍색으로 세월을 따라 풍미를 더합니다. 만드는 곳은 중국이지만 변방지역 소수민족과 이웃 나라에서 더 많이 소비되기 때문에 산차 또는 덩어리차로 만들어 대바구니에 담거나 대나무 잎으로 싸는데, 운반이 쉽도록 야크 가죽에 싸기도 합니다.

흑차는 다 자란 찻잎에 줄기를 넣어 거칠게 만들지만, 어린 찻잎으로 만들기도 합니다.

인공후발효차인 흑차는 악퇴 공정이 중요한데요, 악퇴는 보이숙차가 만들어지기 전부터 사용된 가공 방법입니다. 봄에는 12~18시간, 여름에는 8~12시간 정도 악퇴 공정을 거친 후 만듭니다.

흑차를 이야기할 때는 금화金花를 빼놓을 수는 없지만 모든 흑차에 다 금화가 피는 것은 아닙니다. 덩어리로 만든 흑차복전차를 일정한 온도와 습도가 유지되는 곳에 두면 관돌산낭균_{冠突散囊菌}(eurotium cristatum)이란 노란색 곰팡이가 피어나는데, 이를 금화라고 합니다. 금화가 피어야 제대로 된 복전차_{茯磚茶}가 됩니다.

중국 변방민족들은 거친 재료로 만든 흑차를 진하게 끓여 소금, 버터, 야크젖 등을 섞어 마십니다. 고산지대에서 체온 유지와 영양 공급을 위해서 흑차는 필수 음료였습니다.

흑차는 높은 온도로 1~2회 세차_{洗茶} 후 우리거나 끓여서 마시는데, 소화에 도움을 주고 몸을 따뜻하게 해줍니다. 인공후발효 과정을 거쳤기 때문에 제다 후 바로 마셔도 좋지만 세월을 보내며 순하게 익어가는 맛의 변화를 느끼기에도 좋습니다. 기다림이 지루하지 않은 차입니다.

다양한 흑차의 종류

후난湖南
화전차, 천량차
상청차, 흑전차
복전차

쓰촨四川
중경타차
강전차
금전차

후베이湖北
청전차, 미전차
소련노차
포기노청차

흑차
黑茶

윈난雲南
보이차
전청
죽통차

안후이安徽
육안차

광시廣西
육보차

32

안계철관음과 목책철관음은
뭐가 다른가요?

철관음은 독특한 이름 덕에 누구나 한번 들으면 기억에 남는 차입니다. 이 차를 마셔본 청나라 건륭乾隆 황제가 찻잎의 모양이 관음觀音과 같고 무겁기가 철鐵과 같다고 하여 하사한 이름이라고 합니다.

청차의 한 종류로 민남오룡을 대표하는 안계철관음과, 대만오룡의 대표 상품인 목책철관음이 유명합니다. 두 철관음은 기원이 같지만 서로 다른 방향으로 발전해 현재는 지역명을 붙여 구분하고 있습니다.

본래 안시安溪 지역의 차는 무이암차를 모방하여 만들기 시작했지만 기술이 발달해 나중에는 분별이 불가능할 정도로 똑같이 만들게 되었고, 서양 상인들에게 암차와 안계차를 섞어 팔았다고 합니다. 처음에는 모방으로 출발했지만 후에는 안시의 기후와 토양에 적합한 철관음종에 맞는 가공방법을 개발하여 마침내 민남오룡을 대표하는 안계철관음을 생산하게 됩니다.

전통 안계철관음은 3홍紅7록綠의 농향형濃香形 차였으나, 대중의 기호가 청향형

清香形을 선호하게 되면서 1990년대 초반부터 1홍9록의 발효도가 낮은 청향형 철관음을 주로 생산하게 되었습니다.

대만에서 생산되는 무자木柵 지역 철관음은 19세기 말 민남 안시에서 이주한 장내묘張迺妙가 안시의 철관음종 차나무를 무자 장허산樟湖山*에 옮겨 심고, 1930년대에 안시의 제다 기술을 전수받으며 탄생했습니다. 전통의 안계 철관음은 용안숯을 써 낮은 온도에서 뭉근하게 반복적으로 총 72시간 정도 탄배하는 것이 특징이었다고 합니다. 최근에는 중국 본토의 철관음은 청향형인 경발효 안계철관음으로, 대만의 철관음은 농향형인 중발효 목책철관음으로 자리잡고 있습니다.

장허산
현재의 대만 원산쿠文山區 지난리指南里 마오쿵猫空 일대

대만에는 무자 외에 스먼石門 지역에서 생산되는 철관음도 있는데요, 전통 제다 방식을 고수한 세 가지 철관음 중 탄배가 가장 많이 된 농향형으로 산화 발효도가 높습니다. 탄배가 잘된 철관음은 풀냄새가 나지 않으며 탄배향 뒤에 품종의 특징이 은근하게 살아 있습니다.

철관음 모양은 반구형으로 말린 모양이 잠자리의 머리 모양 같다 하여 청정두蜻蜓頭형이라 하고, 색은 개구리 피부색과 비슷하다 하여 사록砂綠이라 합니다. 철관음을 즐길 때 특징인 음운音韻을 느끼라고 합니다. 사실 쉽지 않은데요, 숙성된 과일의 진한 향기를 느낄 수 있다면 충분합니다.

현대의 기호에 맞게 변화하고 노력하는 안계철관음, 전통방식을 고수하며 그 맛을 이어가고 있는 목책철관음, 그리고 석문철관음까지! 철관음 맛의 흐름을 느껴보시기 바랍니다.

33

티잔이 뭔가요?

불어의 티잔느tisane[ti-ˈzän]에서 유래된 단어로 영어로는 티잔tisane[tizáen,-zá:n]이라고 합니다. 우리나라에서는 흔히 '대용차'라는 용어를 사용하고, 티잔과 구분을 위해 차나무의 싹과 잎으로 만든 차를 '진차眞茶'라고 부르기도 합니다. 전 세계에 음료와 민간요법으로 이용되는 티잔의 종류는 헤아릴 수 없을 만큼 많습니다. 약용적 효과와 보양 및 치유 목적으로 애용되는 티잔은 그 종류만큼 효능도 무궁무진합니다. 한의학에서는 식물의 이로운 성분을 약으로 만들어 치료에 활용하며 茶다 글자를 넣어 다제茶劑라고도 합니다.

티잔은 약용식물, 과일, 허브로 만든 음료입니다. 차나무를 제외한 식물의 나무껍질, 줄기, 뿌리, 꽃, 씨앗, 열매, 잎 등 거의 모든 부위를 우리고, 끓이고, 절이고, 달이는 등 여러 가지 방법을 이용해 마십니다.

우리나라의 티잔은 음용하는 목적, 식물의 어떤 부분을 이용했는지, 만든 사람의 직업 등에 따라 건강차, 꽃차, 한방차 등으로 불리고 있습니다. 서양에서는 다양한 식물의 향을 위주로 즐기는 아로마테라피의 일환으로 티잔이 발달하였습니다. 동서양을 막론하고 자연환경에서 쉽게 구할 수 있는 식물을 찌고, 말리고, 덖는 등의 방법으로 만듭니다.

약용음료로 복용하는 경우가 많아 민간요법으로 자리 잡게 되었고 가정마다 특색 있는 레시피 하나 정도는 가지고 있을 만큼 일반적입니다.

천의 얼굴

티잔은 순수하게 한 종류만을 음료로 만들어 마시기도 하지만 성분의 궁합, 색향미를 고려하여 여러 종류를 함께 배합하여 음용하는데 이를 블렌딩 티잔이라고 합니다. 새롭게 개발되는 블렌딩 티잔은 다양성과 창의력에 대한 기대감으로 각광받고 있습니다. 또한 다른 종류의 음료인 차, 유제품, 알콜성 음료, 시판 음료, 탄산수 등과 섞어 마시는 베리에이션variation 티잔 또한 주목받고 있습니다.

티잔은 오랜 역사와 전통으로 그 효능이 전해지고 현대 과학이 성분과 효과를 증명하고 있지만 식물이 가진 특정 성분을 뽑아내 음료로 복용하는 만큼 특히 주의를 기울여야 합니다. 마테mate를 제외하고 카페인이 없는 티잔은 임산부나 수유 중인 여성, 어린이도 부담 없이 마실 수 있습니다. 블렌딩을 하거나 한 번에 여러 종류를 마실 때는 고유 성분 작용에 방해가 되거나, 특정 성분이 과다해 부작용과 알레르기를 일으킬 수 있습니다. 필요한 만큼만! 똑똑한 섭취가 중요합니다.

34

왜 벌레 먹은 찻잎으로
차를 만들어요?

　차나무는 병충해를 입지 않는 식물이라는 막연한 믿음이 있습니다. 하지만 차
나무도 자연의 일부인 만큼 냉해도 입고, 병에도 걸리고, 충해도 입으며, 다른 재
배 식물처럼 시기에 맞춰 관리와 수확을 해주어야 합니다. 농약을 적게 사용하는
유기농 차밭이 점점 늘어나면서 벌레 먹은 찻잎으로 만든 차들이 주목받고 있습니
다.

소록엽선의 종

초록애매미충*Empoasca vitis* (Goëthe)과 소록부진자小綠浮塵子*Jacobiasca formosana* (Paoli)로 알려져 있으
나, 2014년 중국, 대만, 일본의 차밭 18개에서 180여 개의 벌레 샘플을 채취해 연구한 결과, 모두 1954년
마쓰다에 의해 명명된 마쓰다애매미충*Empoasca* (Matsumurasca) *onukii* Matsuda으로 확인되었고 다른 종
은 발견되지 않았다. 표본 샘플의 수가 적어 좀더 연구되어야 할 부분이지만 같은 종의 벌레가 세 나라의 차
밭에 있다는 것은 주목할 만하다.

차에 찾아오는 벌레 중에 소록엽선이 있습니다. 부진자라고 하며 Em-poasca속의 애매미충*으로 작은 초록색 벌레인데, 일반적으로 'smaller green leafhopper'라 부르지만 차나무에 오는 벌레라고 특별히 'tea green leafhopper'라고도 부릅니다.

애벌레와 성충이 찻잎의 진액을 빨아먹으면, 찻잎은 공격에 대한 방어로 테르페노이드terpenoid** 계열에 속하는 항체물질인 파이토알렉신phyto-alexin을 분비하며 붉게 변합니다. 벌레의 타액과 방어물질의 화학반응이 제다 후 독특한 화과향花果香과 밀향蜜香을 만들게 됩니다.

소록엽선이 찻잎의 진액을 충분히 빨아먹도록 유도하기 위해 차나무에 농약을 사용하지 않는다는 점이 벌레 먹은 찻잎으로 만드는 차의 큰 장점입니다.

애매미충

1,000여 종이 넘는 애매미충은 중국, 대만, 한국, 일본의 차밭에서 발견되고 있다. 종의 특성상 수컷의 생식기 모양으로 종류를 구분하는 어려움 때문에 서로 다른 종으로 인식되고 있다.

테르페노이드

식물 정유 물질 중 주요 성분으로 특이한 향기를 갖는 것이 많고, 과실, 향신료, 기호음료 등의 향기성분이 주로 테르페노이드이며, 향기로 보호하는 방어역할도 한다.

충해 입은 찻잎으로 만든 차들

제다법	형태	차 이름
백호오룡 제다법	조형	동방미인
동정오룡 제다법	구형	귀비차貴妃茶, 옌차焉茶, 밀향차蜜香茶
홍차 제다법	조형	귀비홍차貴妃紅茶

허풍에서 미인까지

대표적인 차는 백호오룡으로 동방미인, 팽풍차膨風茶, 향빈오룡香賓烏龍, 대만오룡, 복수차福壽茶라는 다양한 이름을 갖고 있습니다. 팽풍차허풍차에 얽힌 재미있는 이야기가 있습니다. 오룡차를 만드는 게으른 농부가 찻잎 따는 시기를 놓쳐 어쩔 수 없이 벌레 먹은 찻잎으로 만든 차를 내다 팔게 되었는데, 의외로 비싼 값에 팔렸습니다. 그 말을 믿지 않은 마을 사람들이 허풍 치지 말라는 뜻에서 '팽풍차'라 불렀다고 합니다.

벌레 먹은 찻잎을 동정오롱 가공 방법으로 만든 차도 있습니다. 산화발효와 배화를 많이 한 농향계열로 소록엽선으로 인해 생긴 특유의 차향을 가지고 있습니다.

벌레 먹은 찻잎의 변신이 놀랍습니다. 벌레가 수액을 빨아 색이 변하고 시들해진 찻잎으로 만드는데, 심지어 이렇게 벌레 먹은 찻잎으로 만든 차가 더 건강하고 맛있는 차가 됩니다. 우리나라 찻잎도 Empoasca속의 애매미충의 충해를 입는다고 하는데요, 정확한 연구와 제다법 개발이 이루어져 제품화된 차로 만날 수 있는 그날이 기다려집니다.

35

아포차는
어떤 차인가요?

아포의 뜻은 무엇일까요? 중국 포털 사이트에서 아포를 검색하면 영문으로 'spore'가 나옵니다. spore는 cyst와 같은 의미로 사전적 정의는 아래와 같습니다.

spore, cyst │ 하등생물의 번식세포의 하나로, 홀씨, 아포라고도 함. 보통 식물의
씨에 해당되는 것으로 발아하여 새로운 개체가 된다.

spore의 한자 표기는 芽胞아포로 '싹을 싸고 있다', '싹의 세포'라는 의미인데, 芽苞茶아포차의 산지인 중국에서도 아직 정확히 정의되어 있지 않아 혼용되고 있습니다.

아포차는 식물의 움이나 린편鱗片을 따서 만든 차로, 카멜리아 시넨시스로 만든 것과 카멜리아 시넨시스가 아닌 다른 식물로 만든 것이 있습니다. 이 책에서는 카멜리아 시넨시스의 아포와 린편으로 만든 경우를 살펴보겠습니다. 우선 아포차가 어떤 차를 말하는지 다시 정리해 볼까요?

아포차라 불리는 차

1. 식물이 겨울을 견디고 이른 봄 처음 올라오는 움을 아포라 하고 이것을 따서 만든 차

2. 움(아포)이 자라 껍질이 살짝 터진 상태로 그 안에 싹과 아가 존재하지만 움을 뚫고 나오지는 않은 상태. 이 상태를 비늘을 닮았다 하여 린편이라 하고, 이것을 따서 만든 차

3. 우리나라에서는 아포차를 차나무의 싹으로 만든 것이라 하지만 중국에서는 '등나무의 아포로 만들었다'는 경우도 있고 '야생의 나무에서 따지만 차나무와는 다르다'라는 경우도 있음

그렇다면 차나무의 아포로 만든 아포차는 어떤 내력과 특징이 있을까요?

카멜리아 시넨시스 아포차

● 이른 봄 돋아나는 차나무의 새순을 따서 만들기 때문에 그 자리에 새로 찻잎이 자라지 않아, 차 농가의 경제적 손실이 커 중국 정부가 2006년 8월부터 채엽을 금지하였다.

● 찻잎이 제대로 성장하지 않은 상태에서 만들다 보니 차의 성분이 갖춰지지 않은 부족한 맛이다.

● 정확한 제다법이 확립되지 않아 제품마다 만드는 방법이 다르다.

● 보이차를 만드는 운남 대엽종의 아포로 만든다는 설이 있어 이 차를 보이차로 오해하는 경우도 있으나 싹과 아로 만들지 않고 제다 방법이 다르기 때문에 보이차라 할 수 없다.

● 산차와 병차, 두 가지 형태로 만들어지고 있으며 제다 공정이 단순하고 살청과 유념을 하지 않아 백차에 가깝다 할 수 있다.

잎이 형성되는 과정의 아포와 린편은 찻잎과 같은 맛은 낼 수 없지만 순하고 비릿한 맛이 있습니다. 이른 봄, 피어보지도 못한 여린 움을 따서 만드는, 어찌 보면 마음 아픈 차입니다. 차나무의 아포와 린편은 중국정부에서 채취를 금지하고 있는 점 또한 잊으시면 안 됩니다.

36

벌레의 똥으로 만든
차가 있다고요?

중국은 전통적으로 곤충을 식용, 약용으로 이용해 왔습니다. 예컨대 소화가 안 될 때 약용으로 마시던 차로 '충시차蟲屎茶'가 있습니다. 차를 만든 소수민족의 언어를 직역한 것으로 '벌레 배설물 차'란 뜻인데요, 학명과 일반적으로 불리는 이름은 충차蟲茶입니다. 직설적인 표현을 순화시켜 동글동글한 모양을 본따 '용주차龍珠茶'라 부르기도 합니다.

역사적으로는 청나라 광서연간대光緒年間代로 추정되는 기록에 충차에 대한 언급이 있지만 이에 대한 자세한 설명은 없습니다.

『성보향토지』의 충차 관련 기록

차벌레의 거친 배설물로 대바구니에 일이 년 혹 수년 간 놔두면 벌레가 차를 다 먹어 변하는데, 이름을 충차라 한다.

茶雖粗惡, 置之舊籠一二年或數年, 茶悉化爲蟲, 名日'蟲茶'的文字.

충차는 벌레가 먹은 식물에 따라 삼엽충차三葉蟲茶, 백차충차白茶蟲茶, 화향충차化香蟲茶 등의 종류가 있습니다. 이 가운데 화향충차에 대해 조금 더 알아보겠습니다.

화향충차茶

- 화향아化香蛾라는 넓은띠담흑수염나방Hydrillodes morosa(Butler, 1879)의 애벌레가 화향수엽花香樹葉을 먹고 배설한 배설물을 솥에서 덖어 꿀과 반죽해 음료로 마신다.

- 굴피나무의 잎을 한방에서 화향수엽이라 하고 열매는 화향수과花香樹果라 하여 약재로 사용한다

- 진한 적갈색의 차에서 좋은 밀향이 나며 나뭇잎이 유충에 의해 분해되기 때문에 필수 아미노산, 특히 라이신lysine을 많이 포함하여 맛도 좋고 이로운 박테리아가 많이 포함되어 있다.

- 향이 좋고 소화기능에 도움을 주며 해열과 설사, 출혈, 치질에도 좋다.

차나무의 싹과 잎으로 만든 차에서 벌레가 나왔다는 이야기는 들은 바 없지만, 과일이나 꽃 등이 블렌딩된 홍차 티백과 잘 건조되지 않은 허브차, 전통차, 향신료 등에는 벌레화랑곡나방, 애수시렁이, 권연벌레 등가 생길 수 있습니다.

차나무의 싹과 잎으로 만든 차와 벌레가 관련되어 음용되는 경우는 두 가지입니다. 찻잎을 채취해 화향충차의 가공 방법으로 만드는 '차엽충차'와 자연완만후발효된 보이차에 생긴 벌레의 흔적을 마시는 경우입니다. 논란이 있지만 '희다, 회백색이다'라는 벌레를 차벌레라 여기고, 보이차 잎을 먹고 남긴 흔적이라 하며 귀하게 생각하기도 합니다.

덩어리 형태로 보관된 보이차에 벌레가 생기기도 합니다. 차를 싸고 있는 죽순 잎과 종이에 벌레가 생기는 것이지요. 죽순에 보이는 벌레는 흔히 생기는 나무 좀벌레류이며, 종이 포장에는 종이를 먹는 먼지다듬이벌레, 일반적으로 책벌레 또

는 지충紙蟲이라 부르는 벌레가 생기는데, 이 벌레들은 노차에만 생기는 벌레는 아닙니다.

　자연완만후발효된 보이차의 가치가 높아지며 세월과 함께 남아있는 벌레의 자취까지도 귀한 대접을 받곤 합니다. 식재료에 귀천이 없는 중국의 문화는 열린 마음으로 받아들여야 하겠지만, 취사선택은 개인의 몫입니다.

　한편, 중국을 상징하는 판다의 배설물로도 차를 만든다고 합니다. 다음은 국내 언론에 소개된 관련 기사입니다.

판다차

판다의 나라 중국은 판다 배설물로도 차를 만든다고 한다. 중국 쓰촨대학의 안옌시 교수는 "판다 배설물에는 특유의 향이 있어 차로 만들면 미식가의 취향에 맞을 것"이라며 "판다차는 매우 독특한 향의 견과류 맛이 난다"고 말했다. 이 판다차는 일반 차처럼 따뜻한 물에 타먹는 형태다.

옌시 교수는 "판다는 자신이 먹는 대나무잎의 30% 정도만 소화하고 나머지 70%는 배출한다"며 "배설물 대부분이 섬유질과 영양분"이라고 설명했다.

37

콤부차는
어떤 차인가요?

콤부차kombucha는 차와 효모의 유익균 배양액입니다. 콤부차를 만드는 효모집단인 스코비SCOBY를 홍차균이라고도 하는데요, 스코비는 Symbiotic colony of bacteria and yeast의 줄임말입니다. 스코비는 특정 환경에서만 차와 설탕을 신맛이 나는 무색투명한 액체인 아세트산으로 발효시켜 줍니다. 산성성분은 금속과 화학반응을 일으켜 스코비와 배양액을 변질시키므로 금속재질의 도구는 사용하지 않습니다. 발효와 보관 온도, 유통기한, 직사광선에 의한 잡균 배양 및 오염의 위험이 있어 제조와 스코비의 보관에는 각별한 주의를 기울여야 합니다.

스코비의 효모는 설탕을 영양분으로 삼아 대사작용을 하고, 그 부산물로 1%도 안 되는 소량의 알코올과 이산화탄소를 만드는데, 이것 때문에 탄산음료라는 생각을 하게 됩니다. 알코올 도수가 매우 낮긴 하지만 어린이나 임산부 또는 모유 수유 중인 여성은 주의하여 마셔야겠습니다. 산성음료로 발효 과정에 생긴 유기산이 pH를 저하시키니 위궤양이나 위산 역류가 있는 경우에도 유의해야 합니다.

건강에 이로운 차와 유익한 박테리아 효모집단이 만나 발효된 콤부차의 효능은 다양한데요, 체내 밸런스 조절, 류머티즘 완화, 소화장애 개선, 편두통 개선, 항생작용, 항암 작용, 탈모와 새치 예방, 면역력 증가 등 여러 방면에 효과를 보이고 있습니다. 《더 컨베이션》에 실린 콤부차의 효능을 살펴볼까요?

콤부차의 효능

콤부차는 홍차 또는 녹차의 맞춤형 음료로 '요거트'와 유사한 효능을 갖고 있는 것으로 밝혀졌다.

차나무의 잎과 싹을 가공해 만든 차에 2차적 가공을 더한 재가공차의 등장으로 6대 다류는 7대 다류로 영역을 넓혔습니다. 콤부차는 우려낸 찻물에 효모를 넣어 유익균을 배양해 발효시키는 음료로 재가공차라 할 수 있습니다.

콤부차의 유래에 관해서는 다음의 전설 같은 이야기가 여럿 전해집니다.

콤부차의 유래 이야기

- 중국 한나라(B.C. 202~A.D.220) 유래설
- 동진 의희義熙 10년(414) 찬왕의 소화불량을 치료하기 위해 만들었다는 설
- 진시황제를 위해 만들어 '불로장생의 차'로 불렀다는 진나라 유래설
- 백제의 의사인 콤부박사가 414년에 일본의 천황 인교오(19대 윤공천황)에게 전달했다는 백제 유래설
- 징기스칸의 정복군에서 시작되었다는 원나라 유래설
- 발해 유래설

콤부차의 기원은 정확하게 알 수 없으나 서구에서 콤부차의 유래라고 알려진 이야기와, 우리나라와 일본의 기록이 일치하는 부분도 있습니다. '414년 신라의 김무金武가 일본에 가서 윤공주의 병을 완치하여 효과를 보았다'는 기록으로 보아 콤부라는 말은 김무의 이름과 무관하지 않을 것이라 생각합니다.

김무

생몰연대 미상. 『일본서기』에는 '김파진한기무金波鎭漢紀武'로 적고 있는데, 이로 보아 그의 관등은 파진찬이었던 것으로 판단된다. 414년(실성왕 13) 일본 윤공주允恭主(19대 왕)의 초청을 받고 일본에 건너가 윤공주의 병을 치료한 뒤 후한 상을 받고 신라로 돌아왔다. 『일본서기』에서는 윤공주를 치료한 김무의 의술에 대하여 "그가 깊이 약방藥方을 안다"라고 적고 있다.

『한국민족문화대백과사전』

차를 이용한 발효액으로 19세기에 실크로드를 통해 우크라이나와 러시아에 진출, 1910년경 동유럽으로 전해져 제1차 세계대전과 제2차 세계대전 사이 건강에 유익한 음료로 독일에서 선풍적인 인기를 끌었습니다. 전쟁으로 인해 차와 설탕의 공급이 원활하지 않자 점점 잊혀졌지만, 1990년대부터 미국과 유럽에서 다시 유명세를 타고 있습니다.

유래가 분명하지 않고 콤부라는 이름의 근원을 정확하게는 알 수 없지만, 발해에서 만들어졌다는 설과 우리 조상인 김무의 이름에서 유래되었다는 설의 의미를 새겨보면 어떨까요? 현재는 콤부차의 효능에 대한 과학적, 인문학적 연구가 충분하지 않은 상황인 만큼 차학 연구자들의 관심이 지속되길 기대합니다.

38

팔보차가 뭐예요?

팔보차八寶茶는 여덟 가지 재료를 가지고 만든 차라는 의미와, 여러 가지 보물이라는 뜻을 가지고 있는 차입니다.

회족回族의 '괄완자차刮碗子茶'에서 유래된 차로, 회족은 '다완茶碗'과 사발 뚜껑인 '완개碗蓋', 그리고 차사발의 받침인 '완탁碗托(혹은 다반)'의 세 부분으로 이루어진 개완蓋碗에 괄완자차를 마셨다고 합니다.

개완은 차를 우리고 마실 수 있는 도구로, 차를 우려 한 손으로는 완탁을 들고 한 손으로는 뚜껑을 잡습니다. 차의 거품을 걷어 내고, 내용물이 잘 우러나게 섞어주며, 마실 때 찻잎 등 내용물이 밀려나오지 않게 다완의 내용물을 밀듯이 섞어주는 동작을 하며 마십니다. 괄刮(guā)은 중국어로 (칼날로) 깎다, 밀다, 긁다 등의 뜻을 가지고 있습니다. 즉, '차사발의 뚜껑을 이용해서 다완을 깎는다', 혹은 '민다'는 뜻으로 개완에 차를 마시는 모습에서 차의 이름이 유래되었습니다.

괄완자차를 마실 때는 보통 덖음 녹차를 많이 이용하며, 다완에 얼음설탕과 말린 사과, 건포도, 곶감, 호두, 건대추, 계원桂圓, 구기자 등 여러 종류를 차와 함께 넣어 마십니다. 괄완자차에는 통상 8가지의 몸에 좋은 약재류를 첨가하기 때문에 '팔보차'라고 부르게 되었다 하는데요, 8자를 좋아하는 중국인들의 성향도 더해졌을 겁니다.

대중적인 팔보차에는 차보다 국화차 또는 진피차를 넣고, 얼음설탕은 빠지지 않고 들어가며, 기타 약재는 제조자마다 조금씩 다르게 넣습니다.

팔보차는 몸에 좋은 약재를 배합하고 얼음설탕의 당분으로 맛을 내는 티잔입니다. 중국의 식당에 가면 묘기를 부리듯이 부리가 긴 주전자를 들고 개완에 물을 부어 주는 여덟 가지 보물을 맛볼 수 있습니다.

혹시 뇌차擂茶(레이차)도 들어 보셨나요?

차나무의 싹과 잎으로 만든 차에 견과류와, 곡식, 한약재 등을 갈아 물에 타서 마시는 차가 뇌차입니다. 중국 한족漢族의 후예인 객가족客家族의 전통적인 차음용 방법으로 객가족이 거주하고 있는 중국, 대만, 동남아시아 지역에서 일반적으로 이용되고 있습니다.

한족은 중원에서 주로 거주 하였으나 중국의 패권이 바뀌는 시기마다 중원에서 쫓겨나 대규모로 이주한 역사가 있어 이들은 스스로를 '타향에 사는 사람들'이란 뜻의 객가족으로 불렀습니다. 광시성, 광둥성, 푸젠성의 산간지대와 대만에 주로 거주 하며, 동남아시아 지역에 거주하고 있는 화교의 대부분도 객가족입니다. 이들은 타향에 살면서도 한족으로서의 정체성을 유지하고, 고유의 문화를 계승하며 객가어를 사용하고 있습니다.

뇌차의 전통을 가장 잘 계승하고 있는 객가족은 중국 푸젠의 토루土樓에 살고 있는 객가인들로 '잘 만들어진 뇌차 한 잔은 보약 보다 효과가 좋다'고 생각합니다. 기호에 맞는 차에 견과류와 곡식, 한약재를 넣어 갈아 만드는데, 늦봄과 여름에는 쑥, 박하, 금은화金银花(인동꽃) 등을, 가을에는 금잔국金盞菊, 백국화白菊花, 금은화 등과, 겨울에는 계피桂皮, 천궁川芎, 진피陳皮 등과 함께 갈아 마십니다.

뇌차가 대만에서 더 유명해 진 것은 동방미인의 산지로 알려진 신주新竹의 베이푸北埔 지역에 거주하는 객가인들이 자신들의 전통문화를 관광상품으로 소개하기 시작한 1993년부터입니다. 뇌차는 '뇌(擂)'라는 글자에서 알 수 있듯이, 직접 갈아 만들어 마실 수 있는 체험 프로그램입니다. 뇌기擂器 또는 뇌발擂鉢은 재료가 잘 갈릴 수 있도록 안쪽에 요철빗살무늬 같은 골을 촘촘하게 파서 만듦이 있는 숙우 모양과 같은 도자기 그릇에 건조한 찻잎, 견과류, 곡물들을 산사나무 막대기인 뇌곤擂棍으로 가는 것입니다. 뇌차의 재료를 직접 갈아 고운 가루로 만들어 일부는 물에 타서 마시고, 일부는 찹쌀떡의 고물로 묻혀 다식으로 함께 먹거나 빙수에 섞어 먹을 수 있게 합니다. 차의 쌉싸름한 맛과, 견과류와 곡식의 고소한 맛에 기호에 따라 단맛을 첨가 할 수 있으며, 얼음을 넣어 시원하게 또는 따뜻하게 마시는 재가공 차로 우리의 미숫가루와 비슷합니다.

찻잎을 갈아 마심으로 차의 성분을 그대로 섭취할 수 있고 견과류와 곡물을 더해서 마시니 한 끼 식사대용으로도 충분합니다. 고운 가루로 만드는 단순하고 반복적인 과정이 쉽지 않아 발음이 같은 피곤하다는 뜻의 루뢰레이자를 쓰기도 하지만, 맛도 좋고 건강에 좋은 뇌차 만들기에 도전 해 보세요.

39

차도 시럽이 될까요?

물론 됩니다. 시럽으로 만든 차? 왠지 차가 친근하게 다가오고 차를 더 다양한 방법으로 음용할 수 있을 것 같습니다. 차를 시럽으로 만드는 방법은 유럽에서 제철 과일을 오래 보관하기 위해 사용한 코디얼codial 제조 방법을 이용하면 좋습니다. 코디얼은 과일이나 허브 등에 설탕을 넣고 가열해 농축한 시럽의 한 종류입니다. 과일을 착즙한 액체를 가열해 농축시키거나, 물을 넣고 잘게 썬 과일을 끓여 농축시켜 만듭니다. 허브, 꽃차, 약용식물, 과일 등의 식용이 가능한 거의 모든 식물을 코디얼로 만들 수 있고, 어울리는 맛과 향을 블렌딩해 나만의 레시피로 새로운 맛을 낼 수 있습니다. 설탕을 넣고 가열하지만 보존 기한이 영구적이지 않으므로 빨리 소비하는 것이 좋습니다.

차로 코디얼을 만들 때는 차의 향과 풍미가 살아나도록 진하게 우린 다음 설탕을 넣어 농축시킵니다. 차 코디얼은 차를 2차 가공한 것으로 재가공차의 한 종류로 볼 수 있으며 일상에서 간편하게 즐기기 좋은 음료입니다. 따뜻한 물, 탄산수, 우유, 얼음물에 희석해 마시거나 칵테일, 샐러드, 요거트, 드레싱 등의 재료로 이용할 수 있어 차의 활용 범위를 넓혀줍니다.

다양한 향과 맛이 춤추는 오룡차로 만든 탄산음료 한잔 맛보실래요?

국화꽃차 코디얼

재료
국화꽃차 12g

물 500ml

설탕 200g

만드는 법
❶ 물 500ml를 끓인다.

❷ 국화꽃차 12g을 넣고 약 10~15분 정도 은근하게 끓여준다.

❸ 내용물만 걸러준다.

❹ 설탕을 넣어 녹인다.

홍차 코디얼

재료
홍차 11g

물 500ml

설탕 200g

만드는 법
❶ 물 500ml를 끓인다.

❷ 홍차 11g을 넣고 약 10~15분 중불로 은근하게 끓여준다.

❸ 내용물만 걸러준다.

❹ 설탕을 넣어 녹인다.

40

한국 황차와 중국 황차는
왜 찻물색이 다르죠?

우리나라 황차와 중국 황차는 이름은 같지만 제다 방법의 차이로 찻물색이 다를 수밖에 없습니다. 6대 다류의 분류 기준으로 보면 황차는 '황엽황탕黃葉黃湯'의 특징이 있어야 하는데요, 바로 민황이라는 가공 공정에서 만들어집니다. 황차는 산화효소를 비활성화시켜 찻잎의 변화를 둔화시킨 다음, 가볍게 유념을 먼저 하거나 민황을 먼저 할 수 있습니다.

황차 가공 과정

살청 ⇨ 유념 ⇨ 민황 ⇨ 건조

민황은 살청이 끝난 찻잎을 소량으로 나누어 종이나 천에 싸서 나무상자에 넣고 일정 시간 놓아두는 과정입니다. 민퇴悶堆, 퇴민堆悶, 악민渥悶이라고도 합니다. 일

종의 퇴적과 같은데 습기와 온도에 의해 엽록소 성분의 변화가 일어나 찻잎과 찻물의 색은 황색으로 변하고, 산화발효에 의한 카테킨의 변화로 떫은맛이 감소하고 부드러운 맛을 내게 되는 것입니다. 민황은 황차의 종류에 따라 횟수를 달리하는데 처음 하는 민황을 초포初包, 두 번째 민황을 복포復包라 하며, 한 번에 걸리는 시간은 짧게는 30~40분에서 길게는 5~7일까지 소요됩니다. 고급 황차일수록 민황을 여러 번 나누어 하며 섬세하게 완성합니다. 황차는 원료가 되는 찻잎의 크기에 따라 황아차, 황소차, 황대차로 분류합니다.

황차의 종류

- **황아차**黃牙茶 싹으로만 만든다. 군산은침, 곽산황아 등
- **황소차**黃小茶 1아1엽一芽一葉 또는 1아2엽一芽二葉으로 만든다.
  북항모첨, 온주황탕 등
- **황대차**黃大茶 1, 2, 3엽~5엽으로 만든다. 곽산황대차

'민황' 공정이 필수인 중국 황차

황차는 산화효소의 활동을 둔화시킨 후 민황 공정에서 변화가 일어나기 때문에 '후산화발효차'로 분류되며, 민황 공정에서 습도와 온도에 의한 가벼운 성질 변화가 일어 '경산화발효차'로도 분류합니다.

우리나라에서도 황차라는 이름으로 차가 생산됩니다. 비산화차인 녹차의 반대 개념으로 '산화발효된 차'를 황차'라고 하는데, 중국의 6대 다류 기준으로 보면 가공 공정의 차이가 있으므로 중국 황차와 같은 황차라고 할 수 없습니다. 일부에서

는 한국의 홍차라고도 하는데요, 한국의 황차가 중국의 황차보다 산화발효도가 높고, 찻물의 색도 붉기 때문입니다. 우리의 황차는 산화발효를 먼저 하는 홍차 가공 방식과 중국 황차의 후산화발효 방식이 결합된 가공 방법으로, 우리만의 독특한 차라 할 수 있습니다. 한국 황차는 생산자마다 다른 가공 방법으로 만들고 있어 색 향미와 산화발효도가 다양합니다. 다양한 가공 방법을 수용해 우리의 방식으로 만들어진 한국형 황차와 중국의 황차, 황차라는 이름에 더 어울리는 차는 과연 어떤 차일까요?

41

같은 차인데 왜 그렇게
모양이 서로 다른가요?

차를 마시며 다양한 모양의 찻잎을 감상하는 재미가 적지 않습니다. 이렇게 다양하고 보기 좋은 차의 모양을 만들기 위해서는 많은 정성이 필요합니다. 건차의 모양은 소엽종·중엽종·대엽종 등 찻잎의 크기에 따라, 성장 환경에 따라, 가공 방법에 따라, 운반과 보관의 용이성 등에 따라 달라집니다. 먼저 녹차 종류의 차들이 어떤 모양으로 만들어지는지 볼까요?

비교적 가공 시간이 짧은 녹차는 새로 나는 어린 찻잎을 주원료로 그 모양을 살리는 가공을 합니다. 솥 안에서 살청부터 건조까지 이루어지는 초청녹차는 모양을 만드는 유념도 뜨거운 솥 안에서 이뤄지기 때문에 빠른 손동작이 필요합니다.

녹차의 형태

- **편평형**扁平形   손으로 두드리거나 눌러 납작하고 평평하다. 서호용정, 아미죽엽청, 모산청봉 등

- **직편형**直扁形   가늘고 길게 바짝 말아 눌러 평평한 직선 모양. 개화용정, 형계운편 등

- **만월형**彎月形   납작하고 평평하며 볍씨 모양으로 굽어 있다. 태호취죽, 금산취아 등

- **침형**針形   가늘고 바짝 말려 몸통이 원통형으로 침과 같다. 남영우화, 설수오록, 양선설아 등

- **조형**條形   가늘고 길게 말린 원통형. 송봉차, 등춘운무, 협주벽봉 등

- **작설형**雀舌形   참새 부리 모양, 가늘고 끝이 뾰족하다. 황산모봉 등

- **난화형**蘭花形   자연스럽고 둥글게 말려 난꽃 모양과 비슷하다. 안길백차, 강산녹모단 등

- **권곡형**拳曲形   부드럽게 바짝 말아 고리형으로 휘어 있다. 신양모첨, 송양은후, 경산차 등

- **라형**螺形   나선형으로 잘 말린 소라 모양. 벽라춘, 무석호차 등

- **과자형**瓜子形   해바라기 씨 모양, 눈썹 모양. 육안과편 등

새싹과 잎을 원료로 한 녹차 외에 동글동글 말린 모양의 진주를 닮은 주차珠茶도 초청녹차입니다.

주차

고급 녹차 선별 과정에서 잎이 많이 자란 경우와 외형적 원인으로 탈락한 찻잎을 동글동글 말아 부피를 줄인다. 또는 고급차 생산이 끝난 후 남은 찻잎으로 만들며 지역에 따라 일년 내내 기계로 채엽해 만든다.

《구구절절 차 이야기》 5쇄 수정표

5쇄 인쇄용 파일에 예기치 못한 오류가 발생하여 생긴
인쇄 문제 및 오탈자를 아래와 같이 바로잡습니다.

페이지	위치	수정 전	수정 후
34쪽	6행	녹차백차청차황차홍차흑차.	녹차·백차·청차·황차·홍차·흑차
34쪽	글상자 3행	80%치자장미국화	80%·치자·장미·국화
34쪽	글상자 6행	침전물즙	침전물·즙
58쪽	아래에서 5행	지형기후	지형·기후
64쪽	아래에서 3행	김복순조태연	김복순·조태연
115쪽	도판 내	상청차, 흑전차	상첨차, 흑전차
141쪽	3행	소엽종중엽종대엽종	소엽종·중엽종·대엽종
145쪽	아래에서 1행	금은괴	금·은괴
149쪽	아래에서 2행	강소성의	절강성의
153쪽	박스 아래 본문 1행	재배가공되지만 나라별지역별로	재배·가공되지만 나라별·지역별로
159쪽	6행	건조분쇄하여	건조·분쇄하여
162쪽	글상자 아래에서 6행	옥로차라	옥록차玉綠茶라

페이지	위치	수정 전	수정 후
169쪽	7행	시간 (T)장소 (P)상황 (O)을	시간 (T)·장소 (P)·상황 (O)을
198쪽	1행	아참점삼저녁에	아침·점심·저녁에
220쪽	1행	온도냄새햇빛습도산소	온도·냄새·햇빛·습도·산소
223쪽	8행	『조선의 소반조선도자명고』를	『조선의 소반·조선도자명고』를
224쪽	아래에서 5행	색향기미는	색·향·기·미는
	마지막 행	크가종류구성이	크기·종류·구성이
225쪽	4행	백자청자분청사기를	백자·청자·분청사기를
248쪽	5행	정라보관하는	정리·보관하는
270쪽	박스 안 제목 아래	건수자도 建水紫陶 水紫陶	건수자도 建水紫陶
296쪽	아래에서 3행	색향미를	색·향·미를
300쪽	4행	색향기미를	색·향·기·미를
324쪽	박스 안 제목 아래	사헌부의 다시茶時와 夜茶時	사헌부의 다시茶時와
337쪽	아래에서 11행	맹번정장박미애	맹번정·박미애
337쪽	아래에서 3행	『조선의 소반 조선도자명고』	『조선의 소반·조선도자명고』
338쪽	4행	예한종황바이쯔	예한종·황바이쯔

초청녹차를 제외한 다른 차들은 솥 밖에서 유념합니다. 가장 많이 볼 수 있는 차는 손으로 비벼 길게 말린 모양조형입니다. 조형 다음으로 많이 볼 수 있는 차는 구형의 차인데요, 동글동글하게 말려 있는 차로 반 정도 말려 있는 반구형과 완전 원형의 구형이 있습니다. 반구형은 잠자리 머리 모양을 닮아서 청정두라고 부르기도 합니다. 구형의 차를 만들기 위해서는 포유包揉 또는 단유團揉라는 과정이 필요합니다. 살청이 끝난 찻잎을 천에 싸서 압축하듯이 단단하게 말아 주었다가 뭉쳐진 찻잎을 천에서 풀어냅니다. 이렇게 천에 싸서 힘을 가해 돌돌 말아주었다 풀어내어 주는 과정을 반복하면 찻잎은 구겨지듯 접히며 둥근 모양이 됩니다. 두 과정을 함께 여러 번 반복하며 모양을 잡아주는데 천에 싸서 말아주는 과정을 포유 또는 단유, 뭉쳐진 찻잎을 풀어내주는 과정을 해괴解塊라 합니다. 싸서 말고 풀기를 10회 정도 반복하면 동글동글 원형의 차가 만들어집니다. 구형으로 차를 만들면 향기를 모아두기 좋고 큰 찻잎의 부피를 줄일 수 있어 편리합니다. 하지만 기본적으로 찻잎이 튼실해 포유의 과정을 견뎌낼 수 있어야 가능합니다. 이렇게 만들어진 구형의 차를 우릴 때는 풀어지는 찻잎의 부피를 감안하여 건차를 계량해야 합니다.

가장 특별한 모양의 차를 묻는다면 태평후괴太平猴魁를 꼽을 수 있습니다. 찻잎의 모양이 평편, 납작하며 직선으로 곧아 미역이나 다시마를 닮았다고 표현합니다. 살청이 끝난 찻잎을 철망이나 섬유로 만든 그물 위에 하나하나 펼쳐 롤러로 밀어 납작하게 만들어 찻잎에 그물 무늬가 남아 있는 점도 눈여겨볼 만합니다.

유념 과정이 없어 찻잎 모양을 그대로 가지고 있는 백차는 산차로 만들기도 하지만, 시간을 두고 마셔도 좋은 차이기 때문에 장기간 보관이 용이하도록 동그란 모양의 병차로 만들기도 합니다.

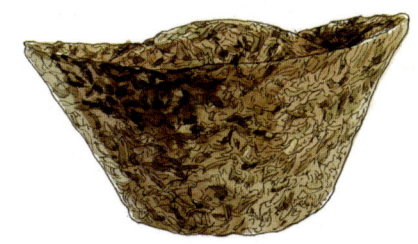

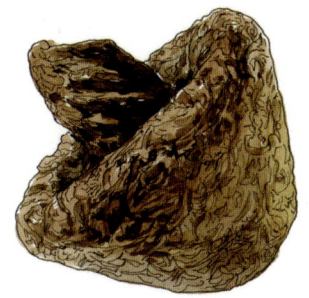

병차의 모양

• **전차**塼茶 벽돌 모양

• **긴차**緊茶 버섯 모양

• **전차**錢茶 화폐 대신 쓰이던 금은괴 모양

• **병차**餅茶 둥근 원형

• **타차**沱茶 종지 모양

병차의 대표적인 차는 흑차입니다. 약하게 유념한 조형의 모차毛茶에 증기를 쏘여 다양한 모양 틀에 넣고 압력을 가해 덩어리로 만듭니다.

흑차는 오랜 시간 보관이 가능한 차이고, 생산지와 먼 지역에서 주로 소비가 되었기에 운반이 용이하도록 산차를 바구니에 담거나 덩어리로 만듭니다.

죽통에 담겨 있는 차, 죽부인 모양과 같아 톱으로 썰어 먹어야 하는 차 등 독특한 형태의 차도 있습니다. 차의 모양은 가공 과정, 찻잎의 형태, 발효 정도, 보관과 운반 등을 고려해 여러 가지 방법으로 만들고 있고 지금도 새로운 모양의 차들이 만들어지고 있습니다. 차를 마실 때 이 차는 왜 이런 모양으로 만들었을까 한 번 쯤 생각해 보는 것도 차의 특성을 파악하는 지름길이 될 것입니다.

42

재스민차는
꽃차인가요?

재스민차 하면 중국음식점에서 나오는 차를 떠올리게 되죠. '말리화차'라고도 부르는 재스민은 필리핀과 인도네시아의 국화國花로, 동남아시아에서는 환영의 의미로 재스민꽃으로 만든 꽃목걸이를 걸어주곤 합니다.

흰색의 꽃이 봄부터 가을까지 피는 향기가 짙은 방향성 식물로, 홑꽃은 꽃잎이 9~11개, 겹꽃은 13~14개로 이루어져 있습니다. 겹꽃 향기가 더 짙고, 생산량도 많아 재스민차는 주로 겹꽃으로 만듭니다. 가지 끝에 꽃송이가 3~12개씩 달려 아열대 지역에서는 1년 중 세 계절 동안 볼 수 있는 꽃입니다.

재스민차는 차가 냄새를 잘 빨아들이는 원리를 활용해 재스민 꽃향을 흡착시켜 만든 차입니다. 완제품 찻잎에 꽃향기가 베어들게 해서 만드는데 이런 과정을 음제窨製라 합니다.

교반

교반이란 고체와 기체의 물리적 화학적 성질이 다른 2가지 이상의 물질을 혼합하는 것을 말한다.

재스민은 완전히 핀 꽃보다는 꽃망울일 때 향기가 가장 풍부하고, 꽃을 딸 때도 오전보다는 오후에 따며 비가 오거나 흐린 날, 이슬이 묻어 있는 꽃은 따지 않습니다. 당일 딴 꽃으로 만들며 고급 재스민차는 꽃과 차의 비율을 1:1로 하지만 차의 품질에 따라 음화 횟수와 꽃 양을 조절하는데요, 고급차는 4~7회, 보통은 2~3회 정도 합니다. 1회에 10~12시간 정도 걸린다 하니 공이 많이 드는 차입니다.

찻잎이 향기롭기보다는 꽃과 차를 함께 건조시키며 가공하였기 때문에 꽃 향이 진하며, 맛도 강한 편으로 여러 번 우려도 꽃의 향이 남아 있습니다. 차 맛과 꽃 향을 동시에 즐길 수 있고, 차와 꽃이 가지는 유익한 성분이 서로 상승작용을 하며 1석2조의 효과가 있습니다. 꽃향기 가득한 재스민차 한 잔 드시며 오후의 나른함을 날려 보세요.

43

청명차는
어떤 차인가요?

찻잎을 따는 시기는 차나무가 자라는 곳의 기후, 자연환경, 재배 방식 등의 영향을 받으며 좋은 차를 만드는 중요한 조건이 됩니다.

이른 봄 수확하여 제다하는 녹차는 채엽 시기가 너무 이를 경우 맛이 싱거울 수 있으므로 1창1기1倉1旗에 차를 따기 시작하여 1창3기1倉3旗 정도에 차 따기를 마치는 것이 바람직합니다. 차의 품질은 잎의 성장 정도와 영양 상태, 차가 자라는 지역의 기후에 따라 달라지며, 차나무의 품종과 지형적 특징, 기후 편차에 따라서도 다르기 때문에, 첫 차 채엽 시기를 획일적으로 말할 수는 없습니다.

청명차는 청명4월 5~6일경 직후 은빛 솜털이 보송보송한 어린 차 싹을 손으로 따서 만든 것으로서, 지극한 정성으로 만든 차로 직접 맛을 보지 않아도 그 고아함을 느낄 수 있습니다.

중국의 유명한 차 생산지인 강소성의 서호西湖 주변은 차 재배에 맞는 천혜의 지형으로 거의 하루 종일 안개로 덮여 있어 차 맛을 높여 줍니다. 청명 이전명전차(明前

茶)과 청명에 차를 따서 만드는 서호용정차는 중국 10대 명차 중 하나로 청나라 건륭제도 청명차를 맛보기 위해 항주를 수차례 방문하였다고 합니다.

우리나라 첫물차는 4월 중순부터 5월 초순에 따는 것으로 그 맛과 향이 뛰어납니다. 그 중 청명과 곡우 사이에 따는 차를 '우전'이라 부르는데 최상급으로 분류됩니다. 청명에 차를 따려면 차가 재배되는 곳의 강수량과 기후 여건이 중요한데요, 전라도, 경상도, 제주도 일대에서 생산됩니다. 제주도는 연평균 기온이 13℃ 이상, 연 강수량은 1,500~1,300mm로 차나무의 생육기간인 봄, 여름에 60% 이상 비가 내리기 때문에 다른 지역보다 이른 햇차, 청명차를 만들 수 있는 여건이 됩니다.

잊을 수 없는 청명차의 맛! 해마다 봄이 오면 햇차를 마실 설렘에 잠을 설치곤 합니다. 올 봄 차와 만나기 위해 남녘으로 발걸음이 향하길 바래봅니다.

44

홍차는 왜 그렇게
종류가 많은가요?

'서양에서 많은 사랑을 받는 차'하면 바로 홍차가 떠오릅니다. 그런데 정작 홍차를 한 잔 마시려면 부르는 이름이 너무 많아서 당황스러울 때가 있습니다. 같은 차라도 제조사의 특색을 나타내는 이름을 붙여 상품화하다 보니 차 이름은 수없이 많을 수밖에 없습니다. 홍차는 크게 세 가지로 생산 지역, 우리는 방식, 찻잎의 배합에 따라 분류합니다. 좀더 자세히 살펴볼까요?

첫 번째는 생산 지역에 따라 이름을 붙이는 방식입니다. 중국의 경우 소우총, 키먼, 윈난 등이 유명하고, 인도의 경우 다르질링, 닐기리, 아삼 등이 널리 알려져 있습니다. 스리랑카에서는 우바, 딤불라, 누와라엘리야, 캔디, 갈레 등이 유명한 홍차 산지입니다. 이밖에 네팔, 케냐, 인도네시아, 아프리카, 베트남 등에서도 국가명이나 지역명을 사용한 홍차가 생산됩니다.

두 번째는 우리는 방식에 따라 스트레이트 티straight tea와 베리에이션 티variation tea로 나눕니다. 스트레이트 티는 찻잎 외에는 아무것도 첨가하지 않고 마시는 홍차를 말하고, 베리에이션 티는 우유, 향신료, 과일, 허브 등을 첨가해 취향에 따라 다양하게 변형해 즐기는 홍차를 말합니다. 밀크티, 아이스티, 과일을 첨가하는 프루트 티fruits tea, 향신료를 첨가하는 스파이스 티spice tea 등이 여기에 해당합니다.

세 번째는 찻잎의 배합에 따라 스트레이트 티, 블렌디드 티blended tea, 플레이버리 티flavored tea로 나누는 방식입니다. 스트레이트 티는 한 다원의 차를 순수하게 100% 그대로 즐길 수 있도록 제품화한 차입니다. 산지의 기후와 풍토, 차나무의 종류에 따라 개성 있는 풍미를 가지고 있으며 산지 이름이 차 이름처럼 된 다르질링, 아삼, 닐기리, 우바, 누와라엘리아, 키먼, 윈난 등이 있습니다. 반대로 블렌디드 티는 여러 산지의 찻잎을 섞어서 만든 차로, 생산자마다 비율이 다른 고유의 레시피를 가지고 있습니다. 잉글리시 브랙퍼스트, 아이리시 브랙퍼스트, 프렌치 브랙퍼스트, 잉글리시 애프터눈 등 다양한 제품이 생산되고 있지요. 플레이버리 티는 제조 과정에서 천연향료나 과일, 꽃잎 등을 인공적으로 첨가해 만든 차로 가미된 향의 이름에 따라 얼 그레이, 레몬 홍차, 복숭아 홍차, 사과 홍차, 아이리시 몰트 등이 있습니다. 물론, 이 세 가지 분류 방식만 있는 것은 아닙니다. 잎의 모양이나 나무에 달린 위치에 따라 홍차의 등급이 구분되기도 합니다.

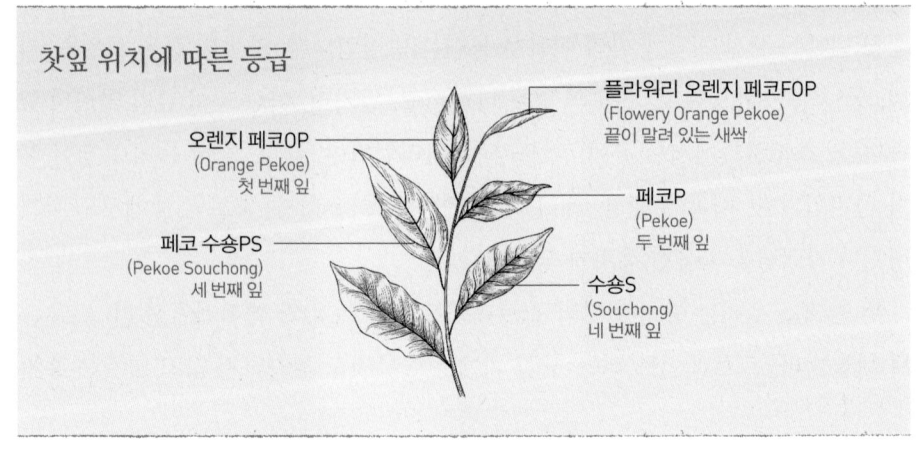

찻잎 위치에 따른 등급

오렌지 페코OP
(Orange Pekoe)
첫 번째 잎

플라워리 오렌지 페코FOP
(Flowery Orange Pekoe)
끝이 말려 있는 새싹

페코P
(Pekoe)
두 번째 잎

페코 수숑PS
(Pekoe Souchong)
세 번째 잎

수숑S
(Souchong)
네 번째 잎

찻잎 등급에 따른 구분

- 잎의 모양, 나무에 달린 위치에 따라 등급이 결정되는데, 뒤로 갈수록 등급이 낮고, 잎이 크고 단단하다.

- 오렌지 페코 앞에 더 작고 어린잎과 새싹을 포함했다는 의미로 골든Golden, 티피Tippy 파인니스트Finest 등의 단어를 덧붙인다.

- 온전한 찻잎 모양으로 가공하면 홀리프Whole leaf, 찻잎을 잘라서 가공하면 브로큰Broken을 사용한다. 예를 들어 브로큰 오렌지 페코BOP는 오렌지 페코 등급의 찻잎을 잘라서 가공한 것이다.

홍차는 세계 전역에서 재배가공되지만 나라별지역별로 각각의 독특한 맛과 향을 지니고 있습니다. 떼루와 차이와 제다 방법의 다변화 또한 홍차 종류의 다양함을 더하는 원인이 됩니다.

차를 마시는 사람마다 기호가 다르다 보니 어떤 것이 더 좋다고 말할 수는 없겠죠? 복잡하고 근사한 이름은 잘 몰라도 내 입맛에 맞고, 차를 마시는 그 시간이 행복하다면 제일 좋은 홍차가 아닐까요?

45

CTC 홍차는
어떤 차인가요?

중국의 전통적인 홍차 가공 과정은 정교하여 일일이 사람의 손으로 이루어졌습니다. 유럽으로 수입된 중국 홍차는 너무 고가여서 처음에는 귀족과 부유층에서만 누리는 호사였으나 점차 서민층에까지 차 생활이 확대되었습니다. 차의 수요가 늘어나자 유럽은 비싸고 수입 기간이 오래 걸리는 중국차를 대신할 방법을 찾게 되고, 대안으로 아삼에서 차를 재배하고 생산하기 시작합니다.

계절에 따라 제다가 가능한 일정한 기간에 찻잎을 수확하여 개개의 농가에 수작업으로 차를 생산하는 중국과 달리 아삼은 기후 조건상 연중 찻잎을 수확할 수 있어 충분한 양을 얻을 수 있는 이점은 있었지만, 적은 인구로 노동집약적인 채다採茶와 제다 과정에 익숙하지 않다보니 차 생산에 어려움을 겪게 됩니다. 이를 극복하고자 노동량을 줄이고 대량생산할 수 있는 기계화에 대한 연구를 하던 중 1930년대 맥커쳐W.Mckercher가 CTC 기계를 만들어냅니다. 위조된 찻잎을 분쇄하고Crushing, 찢고Tearing, 비틀어 둥글둥글하게 마는Curling 기계로써 첫 글자를 따서 CTC기계라고 불렀습니다.

스테인리스로 된 두 개의 롤러의 회전수를 다르게 하면 회전 속도 차이에 의해 찻잎이 분쇄되고, 찢어지고, 비틀리는 과정이 일어납니다. 롤러에 있는 요철로 찻잎의 세포가 파괴되고, 사선으로 파여진 홈에 의해 부서진 찻잎은 입자 상태로 만들어져 둥글게 말려 나옵니다. 기계를 통과한 찻잎은 산화발효와 건조과정을 거쳐 완성되는데, 이렇게 만들어진 홍차를 CTC 홍차라고 합니다. CTC 공법으로 노동력이 절감되고, 제다 시간은 단축되면서, 색과 향이 강하고 가격이 저렴하면서도 일정 수준의 품질을 유지한 차를 대량생산하게 되었으며, 홍차 보급은 확대되고 차를 가공한 인스턴트 음료 시장도 급성장을 하였습니다. 전통적인 제다에서는 어린 싹과 잎만을 사용하므로 생엽의 홍차 완성률이 30% 정도인데 반해 CTC 홍차는 좀더 자란 잎과 줄기를 제거하지 않고 가공해 완성률이 60%가 되어 생산량이 두 배가 됩니다.

CTC 가공 공정

찻잎 따기 ⇨ 위조(시들리기, 30% 수분 증발) ⇨ CTC 기계 통과 ⇨ 풀어주기 ⇨
산화발효 45분~3시간(온도에 따라 시간 결정) ⇨ 건조(20분) ⇨ 분류

비정통적인 차un-orthodox tea로 구분되는 CTC 홍차와 달리 정통적인 차orthodox tea는 온전한 모양의 잎형태와 잘려진 모양의 잎형태로 가공됩니다. 정통적인 홍차에서도 이제는 기계화가 이루어지면서 찻잎의 모양을 해치지 않고 온전한 찻잎 모양을 유지시키는 홀리프 유념 기계와 찻잎을 절단하여 빠른 시간에 짙은 색과 강

한 향미를 추출시키는 브로큰 유념 기계가 실용적으로 사용됩니다. 정통적인 오소독스 방식의 차는 잎의 손상이 적어 발효가 약하게 일어나고 카테킨의 양이 적어 색은 엷고 떫은맛이 적어 섬세한 맛과 향을 지닌 차가 됩니다.

CTC 홍차는 30초에서 1분 사이의 짧은 추출 시간과 짙은 수색이 특징으로 전 세계 홍차의 90% 이상을 차지하는 티백을 만드는 데 주로 사용됩니다. 떫고 진한 맛으로 스트레이트로 마시기보다는 밀크티 등에 많이 이용되는데요. 정통 방식으로 만든 차의 자연스러운 맛과 향을 내기는 어렵습니다.

오늘날 아삼 전 지역에서 가공되는 64만여 톤의 홍차 가운데 59만여 톤이 CTC 공법으로 만들어지고 있습니다. 인도는 CTC 홍차의 최대 소비국인 만큼 여행 중 어디서든 만날 수 있습니다. 인도 사람들이 습관처럼 마시는 짜이Chai의 시작은 CTC가 생산되면서부터인데요. 대량생산으로 값이 싸며, 짧은 시간에 진한 맛을 간편하게 우려낼 수 있는 CTC 홍차가 만들어낸 결과가 아닐까 합니다.

홍차 제품의 상표나 설명서에서 '티피 골든 플라워리 오렌지 페코Tippy Golden Flowery Orange pekoe', '플라워리 브로큰 오렌지 페코Flowery Broken Orange pekoe', 'CTC 홍차', '홀리프 티Whole leaf tea' 같은 용어가 더 이상 낯설지 않을 겁니다.

홍차가 이제부터는 친근감 있게 다가오지 않을까요?

46

차밭에 검정색 막을
덮는 이유가 뭐예요?

    일본의 차밭을 지나다보면 검정색으로 그늘막이 덮여 있는 모습을 어렵지 않게 볼 수 있습니다. 고급 옥로차나 말차를 만들기 위해 사용하는 재배 방법인 차광재배는 빛을 제한해 차나무의 생육에 영향을 주는데, 찻잎의 모양이나 성분은 차광遮光율과 피복被服기간에 따라 변화를 보이게 됩니다.

차광재배를 위한 피복의 종류

- **선반식 피복**(고급 옥로 원료 생산 방법) 피복하기 위해 높이 2m 정도의 선반 골조를 설치한다. 한 번에 강한 차광을 실시할 경우 차 싹의 생육이 나빠지므로 1차 피복 차광율 70%, 2차 95%로 두 번에 나누어 단계적으로 차광을 한다. 많은 시설 투자가 필요하고 작업의 난이도가 높다.

- **직접 피복** 일반 다원에서 옥로에 가까운 품질의 차를 만들기 위해 실시하는 방법으로 차광율 50~70%의 피복 자재를 이용하여 차나무에 직접 피복을 한다.

말차는 차광재배 찻잎 사용

차광을 하면 잎의 면적이 커지며 두께는 얇아지고, 감칠맛을 내는 아미노산 함량이 높아지며, 엽록소의 함량이 급격히 증가해 찻잎이 짙은 녹색을 띄게 됩니다. 차광재배를 하면 차의 품질이 좋아지지만 생산량은 줄어들고 차나무에 많은 부담을 주기 때문에 차나무의 상태를 잘 관찰하며 기간을 조절해야 합니다.

말차를 만들 때는 차광재배한 찻잎을 찐 후 비비지 않고 건조분쇄하여 선명한 색과 향기, 부드러운 맛 등의 품질 기준에 엄격히 맞춥니다.

말차 가공 공정

채엽 ⇨ 증열 ⇨ 냉각산차 ⇨ 건조 ⇨ 분쇄

채엽은 짧은 시간에 끝내고 신선한 잎을 사용하여 가능한 한 빨리 차를 만들어야 합니다. 찌는 공정은 말차를 만드는데 있어 가장 중요한 공정으로 짧은 시간에 풍부한 증기량으로 풋냄새가 나지 않게 하고, 증열 후 냉각산차기로 빠르게 냉각시키며 동시에 건조해야 합니다. 건조 공정은 잎을 비비지 않고 수분 제거와 동시에 적당히 가열해 향기를 생성시켜 맛과 향의 조화를 얻는 작업입니다. 찻잎은 거의 건조가 되지만, 줄기는 수분이 아직 남아 잎과 나누는 선별 과정을 거쳐 분쇄합니다. 맷돌로 분쇄할 경우 많은 시간이 걸리지만 입자가 작고 곱게 갈아지며, 맷돌의 회전으로 생성되는 열과 공기 접촉이 어려운 상층과 하층 맷돌 사이에서의 분쇄로 향이 날아가거나 색이 탁해지는 것을 막아 말차다운 색향미를 만들어 줍니다.

가루차인 말차는 점다點茶(차선으로 격불)하여 차유茶乳인 거품을 마시므로 찻잎 성분을 그대로 섭취할 수 있습니다. 특히 아미노산이 풍부해 감칠맛이 뛰어나며, 녹차를 구성하는 성분과 물에 우러나지 않는 비타민A, 토코페롤, 섬유질 등을 그대로 섭취할 수 있어 건강과 피로회복에 더 효과적입니다.

말차는 찻잎을 재배할 때부터 만드는 공정, 점다하여 마시는 과정까지 손이 많이 가는 차입니다. 지극한 정성으로 만들어진 감칠맛은 입 안 가득 행복을 선물합니다.

47

녹차를 왜
'덖음차'라고 해요?

일상에서는 '볶는다'는 표현을 흔하게 사용합니다만, 차는 볶는다고 하지 않고 '덖는다'라고 합니다. 무슨 의미일까요? 사전에서 두 단어의 차이를 찾아보면 이렇게 설명하고 있습니다.

볶다 | 음식이나 음식의 재료를 물기가 거의 없거나 적은 상태로 열을 가하여 이리저리 자주 저으면서 익히고, 솥 따위에 담아 기름이나 물을 조금 넣고 자꾸 휘저어 익힌다.

덖다 | 물기가 조금 있는 고기나 약재, 곡식 따위를 물을 더하지 않고 타지 않을 정도로 익힌다.

찻잎의 수분을 제거하기 위해 찻잎에 물을 더하지 않고 타지 않을 정도로 익히는 제다 과정은 '덖다'라는 표현이 더 적합합니다. 일부에선 '볶다'의 전라도 방언을

'덖다'로 잘못 알고 있기도 한데요, '볶다'의 전라도 방언은 '보끄다', '덖다'의 전라도 방언은 '더끄다'입니다.

다양한 녹차 제다법

이처럼 '덖음차'라는 말은 녹차의 제조 과정과 연관된 것임을 알 수 있습니다. 그렇다면 녹차는 덖는 과정을 통해서만 만들어질까요? 그건 아닙니다. 우선 녹차를 만드는 여러 가지 방법을 살펴보겠습니다.

제다법에 따른 우리나라의 녹차 분류

- **부초차**釜炒茶 솥에 찻잎을 덖는 과정과 비비는 과정을 통해서 수분이 없는 상태에서 고열로 처리하기 때문에 차의 모양은 곡형으로 약간 구부러진 형태이며, 찻잎을 덖는 정도에 따라서 차의 맛과 향이 달라지며, 찻잎을 50% 미만으로 덖는 것을 덖음과정이라 하고, 반 이상 덖는 것은 볶음과정이라고 하여 덖음차와 볶음차를 구분하기도 한다.

- **증제차**蒸製茶 찻잎을 100℃의 고압수증기로 30~40초 정도 찌면서 산화효소를 파괴시키고 녹색을 그대로 유지시킨 차로, 바늘과 같은 침상형으로 유념하여 차의 맛이 담백하고 신선하며 녹색이 강하다.

- **찐덖음차** 일본에서 발전시킨 차로 옥로차라 불리며 담백하고 산뜻한 맛과 덖음차의 구수한 향과 맛이 조화롭게 혼합되어 독특한 풍미를 가진다.

- **자비차**煮沸茶 깨끗한 가마솥에 물을 끓여 찻잎을 데쳐 살청하는데, 소금을 조금 넣으면 엽록소가 파괴되지 않아 빛깔이 매우 곱다. 데친 찻잎은 즉시 냉수에 담가 엽록소 변질을 막는다. 냉각이 끝나면 깨끗한 천에 넣고 물기를 제거하고 뜨거운 솥에 넣어 덖은 후, 돗자리 위에 펴놓고 따끈한 상태에서 비벼주는 방법으로 만든다.

건조시설이 미흡했던 시절에 수분 함량이 적은 덖음차 방식으로 차로 만들어야 품질이 더 좋게 나오기도 했지만, 우리 민족은 숭늉처럼 조금 더 구수한 맛과 향을 내는 덖음차를 선호해 덖음차가 발달하였습니다. 차를 판매하기 바로 전에 가마솥에서 다시 한 번 차를 덖어서 식힌 후에 판매하는 곳이 있습니다. 구수한 맛과 향을 좋아하는 사람들의 기호를 따라 나온 마케팅 전략입니다.

차는 만드는 방법과 만드는 사람, 마시는 사람에 따라 선택하는 기준이 달라집니다. 차다운 차를 만드는 사람과 그러한 차를 좋아하는 차인들이 많아져서 더 많은 사람들이 우리나라 녹차를 즐겨 마셨으면 좋겠습니다. 일일시호일日日是好日, 차생활은 날마다 좋은 날이 되게 합니다!

셋

茶,
건강하다

48

차를 마시면 정말
디톡스가 되나요?

찻잎을 처음 발견한 사람은 중국 신화 속 인물 신농神農입니다. 중국인들은 신농이 처음으로 차를 발견하고 이용한 것으로 봅니다. 신농 시대에는 불을 사용해 음식을 익혀 먹는 법을 몰랐던 때라 식물의 잎이나 열매, 독이 든 생선이나 짐승 등을 잡아 날것으로 먹다 보니 자주 병에 걸렸습니다.

신농은 음식물에 의한 중독이나 질병으로부터 사람들을 벗어나게 해주기 위해 눈에 띄는 식물은 무엇이든 맛을 보았고, 투명한 뱃속을 살펴보며 어떠한 변화를 일으키는지 관찰하였다고 합니다. 하루는 우연히 유백색의 꽃송이가 달린 나무에 싹튼 잎이 매우 희귀해 보여 한입에 삼키고는 투명한 뱃속을 지켜보았는데요, 위장에 들어간 그 잎은 곳곳을 돌아다니며 깨끗하게 청소를 하더라는 것입니다. 이 신비한 잎이 차였고, 신농은 오랜 세월 동안 산과 들, 강과 바다를 돌아다니며 온갖 종류의 식물을 다 맛보느라 하루에도 수차례씩 중독되기 일쑤였지만, 그때마다 차로써 해독解毒을 하였다고 합니다.

그 결과 사람들에게 먹을 수 있는 식물과 먹을 수 없는 식물을 구분해 알게 해주었는데요, 전설의 내용이기는 하나 차의 해독 작용을 알 수 있습니다.『신농본초경 神農本草經』에는 이렇게 기록되어 있습니다.

신농이 백 가지의 풀을 맛보며 매일 72가지의 독을 만났는데, 차茶로써 해독했다.
神農嘗百草, 日遇七十二毒, 得茶而解之.

디톡스 도와주는 폴리페놀

그렇다면 차의 어떤 성분이 해독 작용을 도왔을까요? 바로 폴리페놀입니다. 차의 주요 물질은 쓰고 떫은맛을 내는 폴리페놀과 단맛과 감칠맛을 내는 아미노산입니다. 찻잎의 폴리페놀은 '카테킨' 성분이 50% 이상을 구성하고 있는데요, 해독 작용, 중금속 제거, 산화 작용, 항암 등에 효과가 있습니다. 특히 강한 결합력이 있어 우리 몸에 해로운 물질을 체외로 배출시키는 역할을 합니다. 차를 마시고 독을 없앴다는 전설 속 신농의 이야기는 과학적 근거에 비추어도 손색이 없습니다.

차茶는 5,300년 전 신농을 통해 해독의 효능을 알게 했다면, 오늘날은 '마음의 독'을 풀어주는 최고의 음료로 인류를 돕고 있습니다. 고맙습니茶다!

49

식후에는 어떤 차를
마시면 좋을까요?

『동의보감東醫寶鑑』을 보면 양생법養生法의 가장 중요한 덕목으로 체온 유지를 강조합니다. 체온은 소화와 위장 근육의 운동을 관할하고 면역작용에도 영향을 미치는 등 건강에 매우 중요한 요소입니다. 특히 여성은 자궁이라는 빈 공간이 있어 냉기에 쉽게 손상될 뿐만 아니라, 임신과 출산으로 인해 몸이 약해지고 냉해지기 쉽기 때문에 체온 유지에 더욱 신경을 써야 합니다.

따뜻한 기운의 차와 서늘한 기운의 차

차는 가공 공정에서 만들어진 성질에 따라 따뜻한 온성溫性의 차와 서늘한 량성凉性의 차로 구분할 수 있습니다. 차의 산화발효도가 높고 낮음에 따라 비산화차인 녹차는 량성, 완전산화발효차인 홍차는 온성에 가깝습니다. 홍차, 암차, 흑차와 같이 따뜻한 성질을 가진 차는 식후 음료로 마시기에 좋습니다.

대만 사람들은 감기 기운이 있을 때 보이차에 진피를 넣어 끓여 마시면 뭉쳐있는 기를 풀어주는 데 효험이 있다고 합니다. 섭취한 음식물이 엉기지 않고 잘 풀어져 소화시키는 데도 도움이 될 듯합니다. 생리통이 심할 때도 홍차에 대추 달인 물을 섞어 마시면 몸을 따뜻하게 하고 예방도 할 수 있으니 참고해 보시기 바랍니다.

오룡차는 산화발효의 정도가 다양한 만큼 량성, 온성, 중성中性의 성질을 모두 갖고 있습니다. 청량하고 농후한 향과 맛은 기분을 편안하게 하며, 머리를 맑게 하고 위에 자극을 주어 식욕을 증진시키고, 위장 기능을 좋게 합니다. 차를 마실 때 마시는 사람의 시간(T)장소(P)상황(O)을 고려해 차의 종류를 선택하여 마신다면 더욱 건강한 차 생활을 즐길 수 있습니다.

영국에서는 처음 차를 접하고 건강에 이로운 음료로 여겨 '약藥'으로 생각하였습니다. 한자의 '藥약'자를 보면 풀 초(艹)에 즐거울 락(樂)이 함께 있는 글자죠. 차는 즐거움을 주는 풀이자 약이 되는 초목입니다. 차 한잔으로 더 많은 사람들이 즐겁게 건강한 삶을 누리면 좋겠습니다.

50

일본차에서는
왜 MSG 맛이 나요?

차를 마시는데 바다 내음이 코를 가득 채운다면, 상상이 되시나요? 일본의 고급 녹차를 처음 마시면 대다수는 "조미료 맛이 나요!", "해조류 맛도 나요!", "느끼해요!"라는 말을 합니다. 마치 음식에 감칠맛을 더해주는 조미료(MSG) 맛과 비슷한데요, 그 맛의 정체는 차에 들어있는 아미노산 성분 때문입니다.

차광재배와 아미노산

일본 고급 녹차와 말차는 인위적인 관리로 아미노산 함량을 높여준 찻잎으로 만듭니다. 찻잎 생장기의 마지막 시간을 그늘에서 보내도록 일정 기간 그늘막을 쳐 햇빛을 차단해 주면, 쓰고 떫은맛을 내는 폴리페놀 성분은 줄고, 감칠맛의 아미노산 함량은 늘어나게 됩니다. 아미노산 생성을 촉진하는 데는 그늘막뿐만 아니라 차를 만드는 방법에서도 차이가 나는데요, 솥에서 덖어 만든 초청녹차보다는 증기를 쐬는 찜 방식의 증청증기살청녹차가 아미노산 손실이 더 적습니다. 차 색도 차광재배한 잎은 햇빛에 노출된 잎에 비해 엽록소 함량이 많고, 높은 온도로 단시간에 쪄서 완성한 차는 선명한 진녹색을 띕니다. 맛도 맛이지만 색감을 중시하는 일본인들의 정서에도 잘 맞습니다.

일본차뿐만 아니라 녹차 품질에 있어 '감칠맛'은 중요합니다. 감칠맛의 주성분인 아미노산 중에서도 감칠맛에 가장 큰 영향을 주는 성분은 '테아닌theanine'입니다. 녹차 성분의 50% 이상을 구성하고 있고, 지구상의 식물 중 일부 버섯을 제외하고는 차나무에만 있다고 합니다.

일본에서는 감칠맛을 우마미旨味라고 하는데요, 음식을 먹으며 '맛있다'고 표현할 때도 우마이うまい라고 합니다. 우마미를 제대로 경험하고 싶다면 교쿠로玉露를 추천합니다. '옥의 이슬'이라는 의미의 교쿠로는 우려낸 차의 수색이 옥과 같고, 달큰한 해초 맛에 묽은 육수 맛, 약간의 떫은맛이 어우러진 녹차입니다. 감칠맛이 짙은 녹차 맛! 궁금하지 않으십니까?

혀가 느끼는 맛의 위치

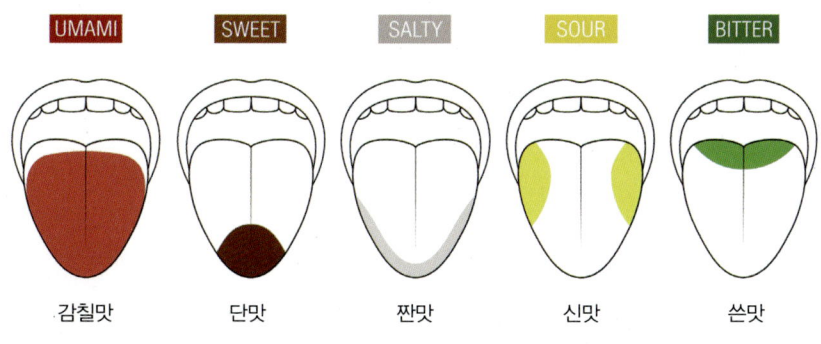

| UMAMI | SWEET | SALTY | SOUR | BITTER |
| 감칠맛 | 단맛 | 짠맛 | 신맛 | 쓴맛 |

51

오미자도 아닌데 차에서 왜 다섯 가지 맛이 난다고 하나요?

차의 맛을 희노애락이 담긴 인생의 맛이라고 표현하곤 합니다. 무엇을 '음미吟 味'한다는 것은 그 의미를 새겨보는 것으로 혀에만 국한된 것이 아니라 마음에까지 적용할 수 있습니다. 잘 우러난 차에는 삶의 감상이 녹아 있는데요, 차를 마심으로 써 인생의 맛과 견주고, 자기 성찰의 시간을 갖는 것입니다.

고진감래苦盡甘來란 말처럼, 고생 끝에는 반드시 낙이 온다는 인생의 맛과, 마실 때는 쓰지만 이내 단맛이 도는 철고인감啜苦咽甘의 차 맛은 서로 닮아 있습니다. 그 렇다면 차를 마실 때 느껴지는 오미五味란 구체적으로 무엇일까요?

1. 고苦, 쓴맛

차를 마실 때 느껴지는 첫 맛은 쓴맛입니다. 바로 카페인과 카테킨 성분 때문 인데요, 카테킨에는 강한 쓴맛에스터형 카테킨과 온화한 쓴맛유리형 카테킨이 있습니 다. 보통 온화한 쓴맛의 녹차를 마시면 맛이 좋다고 느끼고, 쓴맛이 강한 녹차를 마시면 건강에 유익하다고 생각합니다. 입에 쓰면 몸에 좋다는 생각 때문일까요. 첫 맛은 쓰지만 이후에 불러오는 단맛의 기쁨! 맛 자체가 아니라 맛 뒤에 숨은 참 의미를 알려줍니다.

2. 삽澁, 떫은맛

차의 떫은맛은 쓴맛 다음에 느껴지는 맛으로 카테킨을 비롯한 사포닌, 카페인 성분 때문입니다. 하지만 차의 맛을 말할 때 사용하는 '쓰다' 혹은 '떫다'는 표현은 일상에서의 사용법과는 조금 다르게 사용됩니다. 찻물이 입 안에서는 쓰고 떫지만 삼킨 후 단맛이 나는 것을 이상적인 차 맛으로 보기 때문인데요, 처음 입 안에서 떫은맛이 난다고 그 차를 '떫다'고 하지는 않습니다. 삼킨 후에도 여전히 강한 쓴맛이나 떫은맛이 입 안에 계속 남아 있을 경우에만 '쓰다' 혹은 '떫다'고 말합니다.

3. 감甘, 단맛

차를 마신 뒤 차향의 단 기운과 깊은 단맛이 은은히 감돌며 입 안에서 지속적으로 느껴지는 것을 회감이라고 합니다. 차의 단맛은 포도당, 전분 같은 탄수화물과 아미노산류에서 나오는 맛으로, 아미노산 중 단맛을 더하는 주성분은 테아닌입니다. 떫은맛과 감칠맛이 조화를 이뤄 회감을 유지할 때 좋은 차 맛이라고 합니다.

4. 산酸, 신맛

신맛은 차에 함유된 유기산, 비타민 C가 대표적이지만, 아미노산 중에서 글루탐산도 신맛과 감칠맛을 내는 복합적인 맛을 가지고 있습니다. 윈난 따리大里

의 백족白族은 '삼도차三道茶'에 인생을 비유합니다. 세 번째 차에 계피를 넣어 약간 신맛이 나는 차를 마시며 살아온 삶을 추억한다고 합니다. 인생이 결코 쓰거나 달지 만도 않다는 뜻이라고 하는데요, 그렇다고 해서 차의 '쓴맛, 떫은맛, 신맛'이 반드시 순서대로 나는 것도 아닙니다. 뒤바뀌거나 섞이기도 하며, 다채로운 '인생' 그 맛을 즐겨보자는 이야기입니다.

5. 염鹽. 짠맛

모든 생물에는 나트륨이 함유되어 있습니다. 그런데 차의 맛을 논할 때 사용하는 짠맛은 나트륨의 짠맛을 의미하기보다는 차 양에 따른 맛의 농도를 의미합니다. 차가 적게 들어가 제 맛을 못 낼 때 '싱겁다'고 하고, 물의 양에 비해 차의 양이 너무 많아서 진할 경우에는 차 맛이 '짜다'고 표현합니다.

차는 사람에게 많은 것을 내어줍니다. 눈으로 보는 즐거움, 코로 맡는 향의 다양함, 입 안에서 느끼는 오묘함, 귀로 듣는 청량한 소리, 마음으로 퍼지는 평온함에서 오감만족을 느낄 수 있습니다. 오감을 깨우는 차생활, 지금부터 시작해 보면 어떨까요? 찻잔을 채우면 인연이 이어집니다.

52

디카페인 차는 없나요?

차 마시며 독철신獨啜神의 경지에 이르기 가장 좋은 시간으로, 홀로 차와 함께 하루를 시작하는 오전아침 시간과 오롯이 차만 마주하며 하루를 정리하는 오후저녁 시간을 추천하곤 합니다. 하지만 카페인 영향으로 잠 못 이룰 밤을 염려하여 저녁 시간에 마시는 것을 주저하는 사람도 있습니다. 카페에서 카페인 없는 음료를 추천해 달라 하면 디카페인 커피와 허브 음료를 알려주는데요, 왜 디카페인 차카멜리아 시넨시스는 없을까요?

사실 디카페인 차도 있습니다! 제품화되어 판매되고 있지만, 아직 우리나라에서 상용화되지 못하고 있을 뿐입니다. 디카페인 차에 대해 알아보기 전에 우선 '디카페인decaffeinated'과 '카페인 프리caffeine free'의 차이에 대해 알아볼까요?

디카페인과 카페인 프리

	디카페인	카페인 프리
의미	카페인이 함유된 물질에서 카페인이 제거된 상태	자연적으로 카페인이 없는 경우
현상	한 컵(200ml)당 2mg 정도의 카페인이 남음	'99.9% 카페인 프리'라는 문구로 카페인이 없는 것처럼 보이지만 소량의 카페인 함유
상품	커피	일반 음료

잘 알려져 있다시피 차에는 커피처럼 카페인이 포함되어 있습니다. 또 당연히 커피와 마찬가지로 카페인을 제거할 수 있는 방법도 있습니다.

디카페인 차 만들기

현재 제품화되어 나오는 상품들은 주로 서양 홍차류입니다. 차나무의 잎과 싹으로 만든 차에서 카페인을 분리하는 연구는 지속적으로 이루어지고 있습니다. 카페인을 제거하는 방법에는 '염화메틸렌 이용법', '에틸 아세테이트 이용법', '이산화탄소 이용법', '물 가공법' 등이 있습니다. 대표적인 카페인 제거법의 구체적인 내용은 다음 페이지에 별도로 정리해 두었습니다.

이제 늦은 밤에도 잠 못 들 걱정 없이 디카페인 차를 즐길 수 있습니다. 그러나 기억해 주세요. 디카페인 음료는 원래 상태보다 적은 2~4%의 카페인이 들어 있는 것으로 카페인이 없다는 뜻이 아닙니다.

카페인 제거 방법

• **염화메틸렌**methylene chloride

찻잎을 메틸 염화물에 직접 또는 간접적으로 담가 놓아 카페인을 제거한다. 다른 방법들보다 차의 원래 맛을 잘 보존해 주지만, 메틸 염화물이 암 유발 물질로 알려지면서 일부 국가에서는 이렇게 처리된 차의 수입을 금지하고 있다.

• **에틸 아세테이트**ethyl acetate

에틸 아세테이트는 차에서 소량 검출되는 향기 성분이기 때문에 자연 친화적 디카페인 방법으로 불리지만 디카페인 과정을 마친 후 에틸 아세테이트를 제거하는 것이 매우 어렵고, 화학제품 맛이 난다고 하는 경우도 있다.

• **이산화탄소**

Harney & Sons가 카페인을 제거하기 위해 사용하는 방법으로, 맛과 영양 성분도 유지하면서 안전하여 자연친화적인 디카페인 방법으로 알려져 있다. 고압력과 고온에서 이산화탄소는 기체도 액체도 아닌 초임계점에 도달하게 되고, CO_2에서 분해되어 나오는 작은 무극성 분자들이 카페인 분자들을 끌어당기면서 찻잎에서 카페인을 제거한다. 맛을 내는 분자는 이들보다 크기 때문에 온전하게 보존되므로 차의 맛을 유지하는 데 좋은 방법이다.

• **물 가공**

차를 일정 시간 동안 뜨거운 물에 담가놓아 우러난 물을 탄소 필터로 걸러서 카페인을 제거한 다음, 다시 이 물을 찻잎에 부어 맛과 향을 재흡수하도록 한다. 물 가공으로 카페인이 제거된 차를 마셔본 사람들은 이 맛을 '희석된(물 탄) 맛'이라고 표현한다.

53

보이차를 마시면 정말
다이어트 효과가 있나요?

인터넷 검색창에 '보이차'를 입력하면 다이어트 관련 쇼핑몰과 기사들이 가장 먼저 검색됩니다.

"보이차를 마시면 살이 빠진다."
"중국인들이 기름진 음식을 많이 먹어도 살이 안 찌는 것은 보이차를 마셔서 그렇다."
"서태후도 살 안 찌기 위해 보이차를 마셨다."

다이어트와 보이차의 갈산 성분

보이차와 다이어트의 연결고리는 '갈산gallic acid'으로, 잘 숙성된 보이차에 함유된 성분입니다. 자연완만후발효된 보이차와 인공쾌속후발효된 보이차를 우려낸 찻잔 한 잔에 들어 있는 갈산의 양은 1.06mg으로, 갈산을 통해 다이어트 효과를 보려면 하루에 35g을 섭취해 줘야 합니다. 계산해 볼까요? 하루에 33잔은 마셔야 가능한 섭취량입니다. 매일같이 이렇게 많은 양의 보이차를 마시는 것이 쉽지 않으니 대안으로 나온 것이 바로 갈산 추출물입니다. 그렇다면 갈산은 어떤 물질이고 우리 몸에서 어떤 작용을 할까요?

갈산

- 카테킨을 알칼리 가수분해함으로써 생기는 페놀카르복시산phenolic carboxylic acid. 무색, 무취의 주상柱狀 또는 긴 침상針狀 결정으로 떫은맛을 띠며 약산성이다.

- 지방이 소화되는 과정에서 이자지질분해효소 활성을 억제하여 지방이 몸에 흡수되기 좋은 상태로 분해되는 것을 막아 지방의 배출을 쉽게 한다.

- 담즙산과 결합해 지방이 소화된 후 간으로 재흡수되는 것을 막아준다. 지방의 재흡수가 억제되면 콜레스테롤 농도가 감소되고 혈중 콜레스테롤 수치가 개선된다.

'보이차'라는 단어가 들어가는 다이어트 용품으로는 '보이차 가루', '보이차 농축 가루', '보이차 추출물'이 대표적입니다. 중국에서는 인공쾌속후발효된 숙차 가루를 판매하고 있습니다. 우린 찻물을 갈홍색 가루로 만든 것인데, 다이어트용으로 보기는 어렵습니다. 보이차 가루와 농축 가루를 식품 첨가용으로 가공한 것이라서 과다 섭취 시 어떤 부작용이 있는지, 어느 정도로 농축된 것인지 검증되지 않았기 때문입니다.

다이어트에 도움이 되는 보이차의 주요 성분

성분	효능
갈산	•체내 리파아제(지방분해소화효소) 활성을 억제해 섭취된 지방을 체내 지방으로 쌓이지 않게 하고 체외로 배출함
타닌	•지방 축적을 억제하고 쓴맛으로 식욕 억제의 기능이 있지만 일정량 이상 섭취할 경우 철분 흡수를 방해하기 때문에 성장기 어린이나 임산부, 빈혈이 있는 사람, 변비가 있는 사람은 주의
카테킨	•소화기관 내에서의 콜레스테롤 흡수를 저해하고 지질의 체내 침착을 억제
비타민과 미네랄	•신진대사를 도와 기초 대사량 증진에 도움 •미백 등 피부 노화를 막고 피부결을 건강하게 함
카페인	•이뇨작용

미용 목적으로 보이차를 마신다면 성분들을 잘 살펴보는 것이 중요합니다. 보이차는 기능성 다이어트 식품은 아니지만, 갈산 이외에도 다이어트에 도움이 되는 다양한 성분이 포함되어 있습니다. 우리의 몸과 마음을 이롭게 해주는 위대한 자연의 선물로 보이차가 가진 다양한 효능 중 하나는 몸의 지방뿐만 아니라 생각의 지방도 덜어준다는 것입니다. 보이차를 음미하며 번다한 마음의 다이어트를 시작해 보세요.

54

물의 성분에 따라
차 맛이 달라지나요?

"중국은 물이 좋지 않아 차를 마시고, 우리나라는 물이 좋아 차문화가 발달하지 못했다"는 이야기가 있습니다. 물이 좋지 않다는 표현은 '수질이 나쁘다'와 '물이 맛없다'는 두 가지 의미로 해석할 수 있는데요, 무색무취無色無臭의 물, 다 같아 보이는데 맛은 왜 다른 걸까요?

물맛은 토양의 특성에 따라 성분이 달라지기 때문에 지역에 따라 달라지는 것이 당연합니다. 다양한 물의 맛을 가장 간단하게 설명하는 방법으로 '물에도 떼루아가 있다'는 표현을 사용합니다. 또 다른 특징으로 물은 자석과 같이 플러스(+)와 마이너스(−)의 극성을 띠고 있어 물질을 끌어당기는 성질이 있습니다. 다른 물질과 혼합이 자유롭기 때문에 차의 성분들이 물을 만나면 잘 우러납니다. 그럼 물의 맛을 좌우하는 요소들을 살펴볼까요?

물의 맛을 결정짓는 요소

성분	내용	기타
미네랄	•인체적합 : 500mg/L •인체부적합 : 1000mg/L 초과 •풍부한 미네랄 성분 등으로 인해 TDS 1,200mg/L 이상, 1,500mg/L 이하인 경우는 음용 가능 •TDS 수치가 높으면 성분에 따라 짠맛, 쓴맛, 금속성의 맛 등이 날 수 있다.	TDS(Total Dissolved Solid) : 물에 녹아 있는 고형물질
경도 (칼슘과 마그네슘)	•경수(센물) : 120mg 이상. 비누가 잘 풀리지 않고 끓이면 연수가 되는 일시적 센물과 영구적 센물이 있다. 우물물 •연수(단물) : 120mg 이하. 비누 거품이 잘 일어난다. 빗물, 수돗물 •칼슘 〉 마그네슘 : 물맛이 좋다. 칼슘 〈 마그네슘 : 쓴맛	경도=(칼슘의 양×2.5)+(마그네슘의 양×4)
알칼리도	•산성 : pH7 이하 •알칼리성 : pH7 이상	

차가 제 맛으로 우러날 수 있는 물은 잡냄새가 없는 투명하고 맑은 물로 산소가 풍부해야 합니다. 미네랄 성분이 적당해 총용존고형물 100~150mg/L, 경도 85ppm 정도의 연수, 알칼리도 40ppm(7pH)의 중성으로, 철분, 황산이온, 염소, 마그네슘 등이 적게 함유되어 있어야 하는데, 차의 종류에 따라 성분 함량이 다르기 때문에 조금씩 차이가 있습니다.

차마다 좋은 물 달라

차의 주성분인 카테킨은 물에 녹아 있는 칼슘, 마그네슘과 결합해 차의 색향미 변화를 만들어 냅니다. 적당한 칼슘과 마그네슘의 양은 차 맛을 돋우지만 지나칠 경우 쓴맛이 느껴지기도 합니다. 또한 물에 들어있는 미네랄 성분의 구성 비율도 차의 맛을 달라지게 합니다.

시판 생수에는 미네랄 함량이 표시되어 있습니다. 경도는 계산이 가능하지만 TDS는 알아보기 어렵습니다. 여러 가지 생수의 미네랄 수치를 비교하거나 간단한 TDS 측정기를 사용해 보는 것도 좋습니다. 시판 생수들은 일정한 맛을 유지하기 위해 미네랄양을 조절합니다. 유난히 차가 짜게 느껴져 생수를 살펴보니 나트륨이 5.1-6.7mg/L 이었습니다. 물은 차의 몸體이니 특별히 가려 사용하여야 합니다.

우리나라의 수돗물은 연수이기 때문에 염소만 제거한다면 차 우리기에 적합하며, 다양한 성분을 가진 생수들도 시판되고 있습니다. 자신의 입맛에 맞게 차를 우려낼 수 있는 물을 찾아보면 어떨까요?

주의할 점은 물을 지나치게 오래 끓이거나 끓였다가 식은 물을 다시 끓여 사용하면 미네랄과 산소, 이산화탄소 양에 변화가 생긴다는 것입니다. 맛있는 차 맛을 내기 위해서는 알맞게 끓인 물과 차의 종류에 맞는 적당한 온도가 가장 중요하다는 것을 잊으시면 안 됩니다.

55

차에도
마리아주가 있나요?

'어울림'이란 단어는 음식에도 예외가 아니어서, 항상 먹는 음식이지만 어떤 음료를 곁들이느냐에 따라 특별한 음식이 되기도 하고 평범해지기도 합니다.

음료나 주류와 함께할 음식이나 안주를 맞추는 것을 프랑스어로 마리아주mariage, 영어로 푸드 페어링food pairing이라고 합니다. 음식이 주가 되는 자리에 페어링으로 음료를 맞추거나, 음료가 주가 되는 자리에 음식을 맞추어 낼 수 있습니다.

일반적으로 느끼는 5가지 맛단맛, 짠맛, 신맛, 쓴맛, 매운맛에 지방맛, 감칠맛, 탄수화물맛, 물맛을 더한 9가지 맛을 고려해 마리아주를 맞출 수 있습니다.

차는 깊은 맛과 향에 더 집중하기 위해 제한적으로 다식을 곁들이지만 사실 더 많은 차를 건강하게 마시기 위해서도 다식은 꼭 필요합니다. 찻자리에는 차 경험이 많고 적은 사람이 함께 모일 수 있으니 차취茶醉를 고려해 차와 어울리는, 즉 페어링을 잘 맞춘 다식을 함께 준비하면 좋습니다. 이때 맛의 마리아주와 상관없이 주의할 점이 있는데요, 찻자리에서 피하면 좋은 다식의 조건을 염두에 두고 차와 어울리는 맛을 맞추면 됩니다.

삼가해야 할 다식의 조건

- 부스러기가 생기는 질감
- 강한 향이 있는 것
- 부피가 큰 것
- 시큼하고 과즙이 많은 과일
- 씨나, 껍질 등 부산물이 남는 것

- 표면에 기름이 많은 것
- 끈끈한 질감
- 씹을 때 소리가 나는 것
- 즙이 흐르는 것
- 고물이 많은 것

다식 선택 시의 고려사항

차에 어울리는 음식은 차의 맛에 영향을 주지 않는 게 우선입니다. 그 다음으로 서로 보충해 주는 역할을 하는 것이니 특정한 맛이 두드러지지 않도록 조화를 이루어야 합니다. 차의 맛과 같이 담담하면서도 깊이가 있는 다식을 찾게 되는 것은 육즙이 풍부한 스테이크에 드라이한 레드 와인이, 달콤한 디저트에 단맛의 와인이 어울리는 것과 같습니다. 베르가모트bergamotte가 블렌딩된 얼그레이에는 레몬이 들어간 다식이, 해조류의 풍미가 살아있는 옥로는 회 또는 초밥과, 랍상소우총의 훈연향은 햄이나 연어 등 훈연가공된 식품이 들어간 다식과 잘 어울립니다.

차의 맛과 대비되는 맛으로 새로운 마리아주를 찾을 수도 있습니다. 덖음녹차의 구수한 맛은 버터의 맛을 더 풍부하게 해 주고, 재스민차는 카카오의 강한 맛을 부드럽게 감싸줍니다. 향신료가 첨가된 차는 닭고기나 돼지고기가 들어간 요리와 곁들이면 좋습니다. 요리를 만들 때 단맛을 증대시키기 위해 약간의 소금이 필요한 것처럼 짠맛의 다식에 달큰한 맛의 차도 잘 어울립니다.

성분을 고려하여 다식을 페어링해 볼 수도 있습니다. 차에는 항산화 성분이 풍부한 폴리페놀이 들어 있는데, 항산화 성분이 들어 있는 다식을 곁들여 그 효과를 극대화시킬 수도 있습니다. 아몬드, 아보카도, 무화과 등은 천연의 비타민 E 성분으로 항산화 효능을 가지고 있고 맛도 차와 함께하기 좋습니다.

지방 함량이 높은 다식은 느끼함이 있지만 카테킨 성분이 많은 차와 함께한다면 지방을 빠르게 분해하며 입 안을 개운하게 해줍니다. 생크림이 올라간 케이크, 클로티드 크림을 곁들여 먹는 스콘 등이 홍차와 함께하면 좋은 이유입니다.

맛에 대한 기준은 지극히 주관적이어서 개개인의 취향이 모두 같을 수는 없습니다. 찻자리에 함께하는 다우들의 기호를 고려하여 마음을 담아 정성으로 준비한 다식과 마리아주를 잘 맞춘 차를 나누는 것이야말로 조화로운 찻자리 아닐까요? 다우와의 페어링 점수가 훌쩍 올라갈 것입니다.

56

커피 카페인과 차 카페인은
같은 건가요, 다른 건가요?

카페인은 뇌와 행동에 영향을 주는 성분으로서 중추신경계 흥분제로 작용하고, 신체활동을 활성화하고, 피로를 경감시키며, 정신 작업의 수행을 도와줍니다. 그러나 과도한 섭취는 불면과 신경과민, 가슴 두근거림 등 스트레스 증세를 발생시키기도 합니다.

카페인을 함유한 식품은 커피가 대표적이고, 코코아, 콜라, 초콜릿, 차 등에도 함유되어 있습니다. 커피 카페인과 차 카페인을 비교해 보면 화학구조와 성질이 동일합니다. 하지만 작용면에 있어서는 그 역할이 다릅니다. 왜 이런 차이가 나타나는 걸까요? 먼저, 카페인이 어떤 물질인지 살펴보겠습니다.

카페인

$C_8H_{10}O_2N_4$로 커피의 종자, 콜라의 과실, 카카오의 종자, 차의 잎 등에 존재하는 알칼로이드의 일종이다. 무취, 쓴맛의 백색 분말로 물과 알코올에 가용성이다. 중추신경계에 대한 흥분작용, 이뇨 등의 작용을 일으키고, 심근의 흥분작용(강심)이나 미주신경 연수에서 나오는 뇌신경의 흥분을 일으켜 맥박을 약하게 한다.

차 카페인의 길항작용

마른 찻잎의 중량을 기준으로 할 경우 같은 중량의 커피원두에 비해 차의 카페인 함량이 2배 정도 많지만, 차는 60~70%만이 우러나며, 차 속에 들어 있는 테아닌이 카페인이 제 역할을 하지 못하도록 방해합니다. 이를 길항작용拮抗作用이라고 하는데요, 상반되는 두 가지 요인이 동시에 작용하여 그 효과를 서로 상쇄시키는 것입니다. 카페인과 테아닌의 길항작용을 자세히 알아보겠습니다.

카페인과 테아닌의 길항작용

- 테아닌과 카페인은 서로의 약리작용을 억제시키는 길항작용을 나타낸다.
- 테아닌이 카페인에 의한 중추신경의 자극을 약화시켜 수면 방해 작용을 억제한다.
- 카페인의 활성에 대하여 선택적으로 작용하여 흡수 작용이 서서히 일어나게 도와준다.
- 카페인을 과잉 섭취했을 때 나타나는 정신 불안, 불쾌감 등의 부작용을 방지한다.
- 카페인에 의한 작용이 훨씬 부드럽게 나타나게 해준다.

차의 감칠맛을 내는 아미노산 성분인 테아닌은 신경을 흥분시키는 것이 아니라 안정시키는 효과가 있으므로, 차에 함유된 카페인을 중화시켜 적절한 각성과 이완의 조화를 만들어준다는 점이 핵심입니다.

건강한 성인의 경우 하루 400mg의 카페인은 특별한 부작용을 일으키지 않는 양이며, 적정량의 카페인은 오히려 각성 작용과 함께 운동 능력과 집중력을 높여줍니다.

카페인의 좋은 점만 취할 수 있는 차, 적당한 카페인 섭취를 위해 차를 마셔보면 어떨까요?

57

차 마실 때 별도로
물을 마셔야 하나요?

많은 사람들이 궁금해 하는 질문입니다. 간편하면서 맛도 좋게 수분을 섭취하기 위해 물 대신 차를 마시는 사람들이 많은데요, 물을 대신해 마실 수 있는 차도 있고, 차를 마신만큼, 그 만큼의 물을 마셔서 보충해야 하는 차도 있습니다. 우선 물 대신 마시기 좋은 음료와 물 대신 마실 수 없는 음료에 대해 알아봅시다.

물 대신 마실 수 있는 음료

- **보리차** 가정에서 즐겨 마시는 차 중 하나로 감기나 설사 증상 완화, 노폐물 분비, 탈수 방지 등의 효능이 있다.

- **허브차** 발효 과정을 거치지 않고 만들기 때문에 탄닌 성분이 들어있지 않아 대부분 물 대신 마실 수 있다. 루이보스차, 캐모마일 등이 있다.

인체와 수분

차를 많이 마신다면 이에 상응하는 정도의 물을 마시는 것이 매우 중요합니다. 우리 인체와 물은 깊은 관계를 가집니다. 노화를 '건조의 과정'이라고 할 정도로, 체내 수분의 약 20% 정도를 잃게 되면 생명을 유지하기 힘들기 때문에 물을 체내에 보충하는 것은 매우 중요합니다. 신생아의 경우 체중의 약 80%, 성인은 60~70%, 노인은 50~60%가 수분으로 구성되어 있습니다. 세계보건기구WHO의 성인 1일 권장 물 섭취량은 남성 2.9L, 여성 2.2L입니다. 인체가 필요로 하는 수분을 충분히 공급해 주어야 세포의 수분 밸런스가 맞춰져 세포 저항력이 높아지고, 각종 세균과 바이러스 침입에 대한 방어를 하게 됩니다. 물을 섭취하고 배출하는 과정 동안 신진대사가 원활하게 이루어지며, 인체에 유익한 성분들은 충분한 수분을 섭취했을 때 더 효과적으로 작용합니다.

수분을 빼앗아가는 차

다른 음료에 포함된 카페인과 달리 차에 함유된 카페인은 카테킨, 테아닌과 결합해 체내 흡수를 억제하여 몸에 쌓인 피로를 풀어주고, 정신을 맑게 해주며, 이뇨 작용을 통해 노폐물을 제거하는 역할을 합니다. 식약청에 따르면 녹차의 카테킨은 떫은맛을 내는 성분으로 몸에서 활성산소를 제거해 항산화 작용을 하고 염증치료와 암 예방, 콜레스테롤을 저하시키는 데 도움을 줍니다. 하지만 차를 많이 마시게 되면 카페인이 이뇨작용을 촉진시켜 체내의 수분을 빼앗아 가기 때문에, 수분을 보충하는 게 아니라 오히려 마신 양의 1.5~5배 정도의 수분을 소변으로 배출시키게 됩니다.

유익한 차 생활에도 도움이 되고, 충분한 수분 섭취를 위해서 물 마시는 생활을 습관화한다면, 균형 잡힌 건강을 유지할 수 있습니다. 물과 함께 건강한 차생활 노력하면 좋겠습니다.

58

숙취에 좋은 차가
있나요?

숙취 해소 방법은 나라마다 다양할 겁니다. 우리는 숙취를 해소한다고 하면
차보다는 국물 있는 음식을 먼저 생각합니다. 북어국, 얼큰한 해장국 등 어류
나 육류에 콩나물, 무 등을 넣고 끓여 먹습니다. 특히 콩나물 뿌리의 아스파라긴
산이 몸의 열을 내려주고 간을 보호해 주며, 비타민C는 알코올 분해하는 속도
를 높여줘 숙취 해소에 도움을 줍니다. 중국은 펑미쉐이蜂蜜水(꿀물)나 또우지앙
豆浆(콩물), 토마토와 계란을 끓인 시홍스지단탕西红柿鸡蛋汤(토마토계란탕) 등을 먹습
니다. 수분을 공급해 주고 속이 쓰릴 때 위벽을 부드럽게 감싸주어 숙취 해소에
제격이라고 합니다. 토마토의 라이코펜은 알코올 분해 과정에서 생기는 아세트
알데히드의 작용을 억제하여 숙취 해소에 제격이라고 합니다. 홍콩에서는 인삼
차를 마시는데요, 혈관에 쌓인 노폐물을 없애고 항산화 작용과 피로 회복의 효
과가 있고, 수분도 공급해 줍니다. 인도 사람들은 숙취 해소용으로 코코넛워터
를 즐기는데, 갈증 해소를 돕고 수분, 체액 등 전해질을 보충해 주는 천연음료로

사랑받습니다. 영국은 레몬을 먹거나 토마토주스를 갈아 섭취하고, 일본에서는 녹차로 숙취를 해소합니다. 녹차에는 항산화제가 많이 함유되어 있어 지친 간을 해독시켜 주고, 두통이나 메스꺼움의 진정 작용에 도움이 됩니다.

꿀물이나 냉수를 마시는 등 다양한 숙취 해소 방법 외에 녹차, 특히 말차를 추천해드리고 싶습니다. 비타민C와 아스파라긴산, 알라닌 성분은 알코올 분해효소로 활발히 작용하여 이뇨작용을 촉진시켜서 숙취 해소에 도움을 주기 때문입니다. 특히 카페인은 체내의 신진대사를 도와 이물질을 분해하도록 도와줍니다. 카페인과 카테킨 함량이 많은 차로 본다면 녹차보다는 말차가 숙취 해소에 더욱 효과적입니다.

전라남도농업기술원의 숙취 해소 음료 개발 이야기

녹차에는 Epicatechin gallate(ECG), Epigallocatechin gallate(EGCG) 등 기능성분이 함유되어 있고, 이들 성분은 간 손상 억제 및 보호 효과, 숙취 해소 등의 효능이 있다. 찻잎 추출물에서 시중 숙취 해소 음료보다 알콜 분해 효소 활성이 127%, 아세트알데히드 분해 효소 활성이 88%로 우수한 효능 추출물임을 밝혀내서 찻잎에서 추출한 기능성 성분을 이용해 숙취 해소 기능성 음료를 개발하여 특허출원하여 상품을 출시하였다. 특히 찻잎은 폴리페놀 화합물, 플라보노이드, 카테킨 등 유용성분을 다량 함유하고 있다.

차는 음료로서 사랑받을 뿐만 아니라 건강을 지켜주는 유용한 식품입니다. 음료 시장에서는 숙취 해소에 좋은 음료를 다양하게 출시하고 있는데, 제품 중에는 차의 성분을 이용한 숙취 음료가 많습니다. 차의 다양한 효능이 더 많은 사람들에게 알려 질 수 있지 않을까 하는 기대를 하게 됩니다.

숙취 해소가 필요한 날에 말차 한 잔 어떨까요?

59

차는 만병통치약인가요?

차는 지구상에서 역사가 가장 깊은 음료일 뿐 아니라 다양한 측면으로 연구가 진행된 음료이기도 합니다. 연구 결과에 따르면 차에 포함된 여러 가지 생리활성 혼합물들이 우리 몸속 거의 모든 세포에 영향을 미쳐 건강 증진에 도움이 된다고 보고하고 있습니다. 차를 마심으로써 찻잎 속에 함유된 수많은 생리활성 물질을 섭취하게 되고, 심장에서부터 두뇌, 피부 등에 이르기까지 인체의 거의 모든 세포에 좋은 영향을 미치게 됩니다. 차에 들어 있는 유익한 성분들은 신체 부위별로 각각 좋은 작용을 하며, 이 효능들이 한데 어우러져 스트레스와 질병을 멀리하고 뼈와 면역기능을 강화합니다.

활성산소 막아주는 카테킨

체내에 활성산소가 증가하게 되어 항산화 기능이 떨어지면서 발생하는 스트레스를 산화적 스트레스라고 하는데요, 이는 각종 질병의 원인이 됩니다. 차의 주요 성분 중 하나인 카테킨은 산화적 스트레스의 원인인 활성산소를 제거하는 데 탁월하여 암이나 동맥경화 등을 예방합니다. 항바이러스 작용으로, 충치와 감기, 인플루엔자 예방에도 효과가 있습니다.

항산화물질은 유전, 환경오염, 흡연 등으로 몸속에 쌓이게 되는 활성산소를 제거하여 노화를 방지하고 억제하는 물질을 두루 지칭하는데, 대표적인 항산화물질인 폴리페놀은 식물에서 자생하는 혼합물의 일종으로 차나무의 잎과 싹으로 만든 차에 들어 있고, 항산화물질이 우리 몸에 좋다는 연구 결과가 있습니다.

차에 들어 있는 카페인은 신경계를 자극하는 쓴맛의 화학성분으로, 연구 결과에 의하면 각성효과를 비롯하여 뇌 보호나 인지기능 향상 등 여러 가지 긍정적 기능을 가지고 있습니다.

연구 보고된 차의 효능을 보자면 가히 만병통치약이라는 말이 무색하지 않습니다. 그렇다면 어떤 차를 마셔야 몸에 좋을까요? 좋아하는 차를 마시면 됩니다. 차가 약은 아니지만 차의 맛을 음미하고 기분이 좋아지고 즐거워지면 건강한 삶이 시작되겠죠? 그러나 과유불급! 적정량의 차를 조절해 마시는 것도 중요합니다.

60

1일 차 섭취량이 있나요?

몸에 좋다는 인삼이나 상황버섯처럼 값이 비싸고 좋은 음식도 지나치면 해가 되는 법입니다. 무슨 음식이든 적정량을 알고 식품에서 얻을 수 있는 효능을 최대한 흡수하는 게 더 중요합니다. 차 역시 어떤 방법으로 얼마를 마시느냐에 따라 효능을 극대화하고 효과를 기대할 수 있습니다

가장 안전한 음료, 차

차는 역사가 가장 오래된 마실거리임에도 아직 심각한 부작용이 거론된 적이 없는 음료이기도 합니다. 한때 EGCG의 안전성 논란이 있었지만 연구 결과 걱정할 필요가 없다는 결론에 도달했습니다.

EGCG

- 에피갈로카테킨 갈레이트(Epigallocatechin gallate, 갈산염-3-에피갈로카테킨) 혹은 카테킨은 녹차 잎의 추출물인 폴리페놀의 일종으로, 강력한 항산화 작용을 하는 것으로 알려져 있다.
- 차의 주성분인 카테킨의 부작용과 EGCG의 안전성에 관한 논란은 연구 결과 EGCG의 LD50(50% 치사섭취량)은 2,170mg/kg으로 매우 안전하고, 산술적으로는 체중 60kg인 사람이 한꺼번에 녹차 500잔 이상을 마셔도 별다른 이상이 없을 정도라고 한다.

차의 효능을 느끼기 위해서는 하루에 세 번 이상, 아침점심저녁에 4~5시간 간격으로 마시는 게 좋습니다.

그런데 다른 별다른 이상이 없다고 해도 차를 마시면서 카페인을 걱정하시는 분들이 의외로 많습니다. 200ml 기준 차 한 잔에는 15~25mg의 카페인이 들어 있지만, 테아닌이나 폴리페놀류 등이 카페인의 흡수나 작용을 방해하기 때문에 실제로 차 속의 카페인이 몸에 미치는 영향은 아주 미미합니다.

물론 카페인을 많이 섭취하면 신체 리듬이 깨지고, 불면증을 유발하며, 칼슘과 철분의 흡수를 방해하여 골다공증이나 빈혈을 일으킬 수 있고, 짜증, 불안, 신경과민, 두통 등으로 집중력이 떨어질 수도 있습니다. 카페인에 예민하다면 본인의 경험에 맞춰 적정량을 마시는 게 좋겠습니다.

61

차로 예뻐지는
방법은 없을까요?

"차! 마시지만 말고 피부에 양보하면 어떨까요?" 차 속에는 진정작용을 하여 피부 미용에 도움을 주는 사포닌 성분과 함께 시금치의 세 배 정도나 되는 비타민 C, 노화 방지에 효과가 좋은 비타민 E 등이 풍부하게 들어 있습니다. 보이차, 홍차, 오룡차, 말차 등 여러 종류의 차를 다양하게 활용할 수 있는데 특히 녹차는 피부 타입에 관계없이 어떤 피부에 사용해도 부작용이 거의 없으며 피부 수렴, 진정에 특히 탁월한 효과를 보입니다.

아침에 일어났을 때 푸석푸석하고 얼굴이 자주 붓는 사람들은 우려내어 마시고 남은 티백을 냉동실에 얼려두었다가 꺼내어 마사지하듯 문질러 주거나, 찻물에 적신 솜을 팩에 넣고 얼렸다가 지친 눈가에 사용하면 붓기를 제거하는 효과가 있습니다. 우려낸 찻물을 차갑게 식혀 스프레이 통에 담아두었다가 달아오른 얼굴을 식혀 주고 싶을 때 뿌려주면 미스트 대용으로 좋습니다. 탈모로 고민하는 분은 가루차와 녹차를 우린 물로 샴푸한 후 헹궈주면 두피가 건강해지고 머릿결의 윤기가 살아나며 머리카락이 부드러워집니다. 많이 피곤하고 지친 날에는 찻물에 소금을 넣고 목욕이나 족욕을 해보세요. 피로 회복에 그만입니다.

많은 화장품 회사들은 클렌징 제품, 안티에이징 크림, 샴푸, 치약, 비누, 스파 솔트, 마스크 팩, 바디로션 등 다양한 미용 제품에 차를 활용하고 있습니다.

그렇다면 차의 성분들은 우리 피부에 얼마나 좋을까요?

피부가 차를 좋아하는 이유

- 카테킨과 비타민 A, C, E로 노화 방지
- 피부 탄력을 높여주는 비타민 A
- 여드름을 가라앉히고 피부 진정에 좋은 비타민 A와 B2
- 레몬보다 5~8배 많은 비타민 C 함유로 미백 효과
- 토코페롤과 아미노산 다량 함유로 보습 효과
- 기미나 주근깨, 노폐물과 피지 제거
- 맑은 피부색 유지
- 모공 수축과 피부 탄력 개선

그러면 어떻게 해야 차를 활용하여 예뻐질 수 있을지, 그 구체적인 방법을 알아보겠습니다.

가장 간단한 방법으로 녹차나 홍차, 보이차 같은 차를 따뜻하게 우려내서 거즈로 적신 뒤 얼굴을 감싸고, 식으면 다시 적셔 올리는 차 스팀 타올이 있습니다. 2~3회 반복하면 얼굴의 탄력을 살리고, 각질을 수월하게 제거할 수 있습니다.

차로 예뻐지는 방법

•녹차 영양팩

재료 : 말차 2큰술, 밀가루 2큰술, 플레인 요구르트 1/2큰술, 달걀노른자 1개

방법 : 재료를 섞어 걸쭉하게 만든 후 마사지용 거즈를 물에 적셔 얼굴에 덮은 다음, 준비된 팩 재료를 눈과 입 주위를 피해 얼굴과 목에 펴 바른다. 팩이 다 마르면 거즈를 떼어내고 미지근한 물로 씻어낸다.

•보이차 팩

재료 : 보이차 100ml, 우유 100ml

방법 : 보이차를 따뜻하게 우려내서 우유와 함께 섞은 뒤 거즈에 적신 후 얼굴을 감싼다. 식으면 다시 적셔 올려놓고 15분 후 미지근한 물로 씻어낸다. 따뜻한 팩은 노폐물과 피부 내 독소 배출에 효능이 있고, 차갑게 이용하면 붓기 완화에 좋다.

•녹차 스크럽

재료 : 말차 2큰술, 허브 오일 4방울, 라임즙 3방울, 소금 5큰술

방법 : 재료를 걸쭉하게 섞어 얼굴, 몸에 오일이 스며들 때까지 마사지한 후 미지근한 물로 씻어낸다. 피로 회복은 물론 스트레스까지 해소된다.

•차 클렌징

재료 : 말차 2큰술, 달걀흰자 1개

방법 : 달걀흰자를 볼에 넣고 거품기로 거품을 낸 후 말차를 섞어 세안용 브러시로 살살 문질러 준다. 모공 속 피지까지 말끔하게 없애준다.

차! 마시기만 하지 말고 다양하게 활용하여 더 건강하고 예뻐지면 좋겠습니다. 내면의 아름다움은 물론 눈에 보이는 외면의 아름다움을 위해서도 차는 이제 필수가 아닐까요?

넷

茶、
마
시
다

62

공부차는 공부할 때
마시는 차인가요?

공부할 때 마셔서 공부차는 아닙니다. 다만 공부Study처럼 노력이 필요한 차는 분명합니다. 공부차의 한자는 工夫茶, 혹은 功夫茶로 쓰고 있지만 일반적으로 '궁푸차工夫茶'로 불립니다. '공부'의 뜻은 오랫동안 노력과 시간을 들여 익히고 배운 기술과 지식을 말하는데요, 오랜기간 동안 차에 대한 지식과 기술을 습득하는 과정이 지나야 궁푸차를 제대로 즐길 수 있습니다. 공부가 깊으면 고수가 되듯 차를 마시면 마실수록 경험이 쌓이면서 공부가 깊어지고 차의 참 맛을 느끼게 됩니다.

궁푸차는 차를 우리는 기술 또한 매우 중요하게 생각합니다. 차를 우리는 행위 하나하나에 철학적 의미가 담겨 있어 그 깊이가 심오하고, 우리는 방법 또한 섬세하고 정교합니다.

광둥성 차오저우潮州는 푸젠성과 맞닿아 있어 일찍부터 차문화가 발달한 곳입니다. "차로 아침을 깨운다", "차는 생명을 영위하는데 꼭 필요한 쌀과 같다"고 하여 '차미茶米'라는 표현을 할 정도로 차에 대한 애정이 각별합니다. 또 "차오산潮汕 사람이 있는 곳엔 차오산 문화가 있고, 차오산 문화가 있는 곳에 차오산 궁푸차가 있다"는 말도 있습니다. 차오산 궁푸차를 최고로 꼽는데 이견이 없을 겁니다. 차오산 사람들은 포다법泡茶法(잎차를 우리는 방법)과 다구 선택에 세심한 주의를 기울입니다. 차의 향과 맛을 위해 자사호紫沙壺를 사용하는데, 호 용량이 100㎖, 찻잔은 약 30㎖ 정도로 작은 크기입니다. 잔은 호두만하고 호의 크기는 귤만하다는 표현에 딱 들어맞습니다.

궁푸차는 주로 오룡차의 색향기미를 즐깁니다. 일반 차와는 달리 농도가 진해서 익숙해지기 전까지는 차 맛이 강하다고 느낄 수 있습니다.

먼저 향을 맡고 한 모금 마시면 처음에는 쓴 듯 하지만 이내 단맛이 돌아 고진감래의 의미를 깨닫기에 충분합니다. 그렇다면 궁푸차는 어떤 식으로 차를 우리고 감상하는지 알아볼까요? 간략하게 설명을 하면 불을 피운뒤 물을 끓이고 잔을 예열하고 차를 우려낸 뒤 차를 내고 마십니다. "이리 와 앉아서 차 한 잔 해요." 차오산에서는 쉽게 들을 수 있는 말입니다.

궁푸차의 본질은 정성을 다하는 데 있고, 평온한 마음으로 차를 우려내는 과정에 있습니다. 오랜 세월 한결같음으로 다가가야 얻을 수 있는 차인의 나이테는 노력과 정성으로 일궈낸 공부차와 닮아 있습니다.

공부차 포다법

1. 차도구 소개하기

2. 토관에 물 끓이기

3. 차호 예열하기

4. 찻잔 데우기

5. 찻잎 계량해 덜기

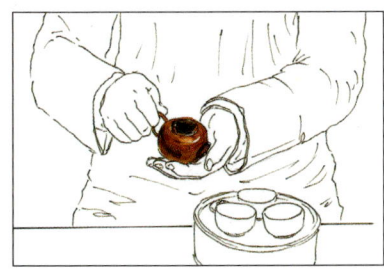

6. 차호에 차 넣기

7. 차 씻어 내기

8. 차 우릴 물 붓고 거품 제거하기

공부차 포다법

9. 차호 위에 뜨거운 물 붓기

10. 찻잔에 담긴 물로 잔 헹구어 주기

11. 차호의 차 따르기

12. 향과 맛 고르게 차 따르기

13. 천천히 음미하며 차 마시기(차향 감상 및 찻잔에 남은 여운의 향 맡기)

63

다른 나라에서는
어떤 차들을 마시나요?

세계는 많은 나라와 민족으로 이루어져 있습니다. 자연환경과 인문환경에 따라 다양한 문화를 형성하고 있어 비슷한 듯 다른 문화는 생활 모습의 차이로 이어집니다.

우리나라 사람들은 숟가락과 젓가락을 사용해 식사를 하지만, 포크와 나이프, 맨손으로도 밥을 먹을 수 있습니다. 음식과 먹는 방법이 다양하죠? 차 마시는 방법도 다르지 않습니다! 각 나라의 독특하고 다양한 차문화에 대해 알아보겠습니다.

 **티베트의 쑤여우차**Butter tea

티베트인들은 세계 어느 민족보다 차를 즐겨 마시는 민족입니다. 이들에게 차는 생명수나 다름없기 때문인데요, 티베트에 전해오는 속담에 "차는 피요, 고기요, 생명이다"라는 말이 있을 정도입니다. 하루 수십 잔의 차를 기본으로 마시는데, 우리가 마시는 맑은 차와는 많이 다릅니다. 이들이 마시는 차는 주로 찻물에 버터를 첨가한 쑤여우차Tibetan butter tea입니다.

쑤여우차 만들기

- 찻잎(주로 긴압차)을 주전자에 넣고 끓인 뒤 거름망으로 거른다.
- 야크 우유로 만든 버터와 소금을 준비한다.
- 돔부에 뜨거운 찻물과 야크 버터, 약간의 소금을 넣어 섞는다.
- 돔부에 가락을 넣어 100회 이상 위아래로 저어준다.
- 잘 혼합되면 찻주전자에 따라 뜨겁게 데운다.
- 적당량을 찻잔에 따라서 마신다.

 **몽골의 밀크티, 수태차**suutee tsai

몽골인은 세계에서 육류를 가장 많이 먹는 민족 중 하나입니다. 고기, 밀을 주식으로 요리에 유제품을 다양하게 이용하는데, 그중에서도 양과 염소젖 등으로 만든 수태차를 수시로 마심으로써 수분과 에너지를 공급받고 있습니다.

모로코의 민트티, 아타이Atai

북아프리카 사막 지대에 위치한 모로코는 세계에서 녹차를 가장 많이 마시는 나라입니다. 이슬람 문화권인 모로코는 알코올음료를 금하고 있고, 육류를 주식으로 여러 향신료를 즐겨 먹으며 차를 필수로 마시고 있습니다. 모로코 사람들이 즐겨 마시는 차는 녹차에 설탕과 민트잎을 넣은 민트티인데요, 카페, 식당, 가정 등 모로코 어디를 가도 마실 수 있는 모로코의 '국민음료'입니다. 모로코에서는 민트티를 '아타이'라 부릅니다.

 ## 러시아의 차와 사모바르

추운 지역의 러시아 사람들이 높은 도수의 보드카를 즐기는 것처럼 따뜻하게 마실 수 있는 차 역시 대중적인 음료입니다.

손쉽게 차를 마시기 위해 '사모바르samovar'라고 하는 차 끓이는 주전자가 개발될 정도입니다. 러시아 차문화의 상징인 사모바르는 놋쇠나 구리로 만들며, 땔감을 넣어 차를 끓일 수 있는 구조로 언제든지 따뜻한 차를 마실 수 있게 해주는 편리한 도구입니다. 사모바르는 '스스로sam 끓인다varit'라는 뜻입니다. 사모바르 위에 얹어진 작은 포트에 차가 끓고 있고 몸통에는 따뜻한 물이 있어 진하게 우려진 차를 기호에 따라 따뜻한 물로 희석해서 마시는 방식입니다.

러시아인들은 진한 홍차를 독특한 방법으로 즐깁니다. 설탕이나 잼을 입에 넣고 차를 마시거나, 차를 끓여서 시나몬, 클로브 같은 향신료나 박하와 같은 허브를 넣기도 하고, 추운 날씨 때문에 럼주나 보드카, 와인을 넣어 섞어 마시기도 하는데, 열감으로 추위를 이기는데 좋습니다.

튀르키에의 차이Çay

튀르키에에서 차를 마신 역사는 오래 되지 않았지만, 영국보다도 1인당 차 소비량(튀르키에 3.15kg, 영국 1.94kg /2014년 기준)이 많습니다. 손님이 차이를 사양하면 낯설어 할 정도로 일상에서 차를 마시고 나누는 것이 삶의 중요한 부분입니다. 튀르키에어로 '차이'라고 하면 홍차라고 알아들을 정도로 튀르키에에서는 거의 홍차를 마시는데요, 차이를 마실 때는 많은 양의 설탕을 곁들이는 것이 특징입니다.

차이를 끓이기 위해서는 차이단륵Çaydanlık이라고 부르는 주전자가 필요한데요,
2층으로 된 독특한 구조를 갖고 있습니다.

튀르키에식 차이 만들기

- 차이단륵의 아래층에 물을 끓인다.
- 물이 끓으면 위층 주전자로 옮겨 찻잎을 넣고 우려낸다.
- 진하게 차를 졸이듯이 끓여내고 아래층의 끓는 물과 섞어 조절한다.

64

차호를 '길들인다'는 게
뭐예요?

차를 마시려면 찻그릇이 있어야 합니다. 차의 맛과 향, 형태적 특성을 고려하여 다관, 개완, 자사호, 차완 등을 선택해 마실 수 있는데요, 그 기물의 특성에 맞게 관리하는 것 또한 매우 중요합니다.

"좋은 호를 벗 삼아 평생을 보낸다"는 '호호일파반평생好壺一把伴平生'이란 말이 있습니다. 차인에게는 좋은 차호 하나를 벗 삼아 오랫동안 친구처럼 지내며, 차를 마시는 것 그 이상의 큰 즐거움은 없을 겁니다. 여기서 차호는 자사호를 말합니다.

차문화에 관심이 있는 사람이라면, 중국의 찻그릇하면 제일 먼저 떠오르는 것이 자사호입니다. 다관으로 쓰이는 이 자사호를 길들인다고 할 때 '양호養壺'란 단어를 사용합니다. 찻그릇을 구입하면 첫 과정은 '씻어내기'인데요, 특히 자사호는 사용할 준비를 위해 '개호開壺'라는 세척 단계를 거칩니다.

자사호는 중국 이싱宜興지방에서 채광한 암석을 곱게 갈아 만든 점토로 만들어 철 성분이 많이 함유되어 있고, 유약을 사용하지 않아 점토 특유의 기공氣孔들이 살아 있습니다. 개호를 통해 차호 안의 가루나 이물질을 제거하는 것이죠.

개호

① 자사호의 안과 밖을 흐르는 물로 씻어준다.

② 부드러운 천이나 솔을 사용해 구석구석 닦아준다.

③ 용기에 뜨거운 물을 붓고 하루 정도 담가 놓는다. 중간중간 뜨거운 물을 새로 갈아준다.

④ 새 호의 냄새에 민감할 경우에는 우려 마신 찻잎을 호에 넣고 끓는 물을 부어 하루 이틀 담가 놓는다. 중간에 끓는 물을 덧부어준다.

⑤ 깨끗한 물로 헹군 후 얼룩이 남지 않게 차수건으로 닦은 다음 뚜껑을 열고 말린다.

Tip. 취향에 따라 삶는 방법으로도 개호할 수 있다. 이때 완충을 위해 호의 몸통과 뚜껑을 깨끗한 행주나 수건으로 감싸 단독으로 삶는다.

몇 해 전 한국에 방문했던 자사호 작가의 말을 더해보면 "자사는 약 1,000℃ 이상에서 구워지는데, 이때 모든 불순물은 타버리게 되고, 자사호에 어떠한 잡물질도 섞지 않는다는 원칙을 지킨다면, 첫 개호는 먼지를 털어내는 정도의 '헹굼'이면 족하다!"고 하였습니다. 새겨 들을 이야기입니다.

유약을 바르지 않은 자사호는 차를 우려마실수록 찻물에 녹아 있는 차기름을 통해서 자연스럽게 물들게 됩니다. 이러한 현상을 이용해 양호를 하는데, 차수건이나 붓으로 호를 문지르면 자연스럽게 길들여지며 광택이 납니다.

중국 사람들은 차호를 양호하여 호의 몸에서 은은하게 윤광택이 나는 것을 '호성 壺性이 살아 있다'고 여겨 양호를 가치 있는 일로 생각합니다.

양호

① 차호에 어떤 류의 차를 우릴 것인지 정한 뒤 일정하게 사용하면 좋다.

② 차를 우려 마시는 동안에도 뚜껑을 닫은 채로 여러 차례 열탕을 부어 다관의 기공을 열어준다(남는 찻물 도 종종 부어준다).

③ 차를 마신 후 가볍게 헹궈내고, 열탕을 부어 표면에 물기가 마르기 전에 차수건을 사용해 차호를 문질러 준다.

④ 양호용 붓에 찻물을 묻혀 차호에 고루 바른 다음 차호 뚜껑을 열어 둔 채로 두고 하루 이상 씻지 않는다.

⑤ 2~3회 열탕을 붓고 마른 수건으로 닦아 주는 것만으로도 양호가 된다.

Tip. 찻그릇에 세제 사용은 금물. 미세한 구멍에 세제가 스며들어 차 맛을 잃게 한다.

처음 호를 사용하면 차 맛이나 광택이 덜 날 수 있습니다. 차생활을 하다보면 자연스럽게 호가 변화되는데, 차를 우려마시는 동안 남는 찻물을 호에 부어주며 틈틈이 차수건으로 문질러주면 충분합니다.

찻그릇은 쓰면서 완성되는 생활예술품이라는 점에서 만든 사람의 미덕과 사용하는 사람의 가치가 함께 배어 있는 그릇입니다. 길들여진 차호가 빛나면 빛날수록 우리 마음도 함께 닦여 점점 밝아지리라 믿습니다.

65

차를 냉장고에 보관하면
더 신선한가요?

　차는 주변 조건온도냄새햇빛습도산소에 민감해 많은 영향을 받습니다. 공기 중에 노출될 때마다 습기를 흡수해 수분 함량이 높아져 변질이 되고, 직사광선이나 높은 온도에서는 차의 주요 성분인 엽록소, 폴리페놀이 산화되어 향과 맛이 변하게 됩니다. 다른 냄새를 잘 빨아들여 환경에 따라 향이 변하기 쉬우므로 개봉한 차는 포장재를 잘 접어서 밀폐한 후 보관하는데요, 그렇다고 냉장고에 보관하는 것이 정답은 아닙니다. 냉기로 차기가 손상될 수 있으며, 우리나라 냉장고 특성상 향이 강한 음식들로 인해 밀봉에 각별히 주의하지 않으면 차 고유의 향을 모두 잃어버릴 수 있습니다. 특히 냉장고에 보관된 차를 꺼내면 외부와의 온도 차이로 습기가 만들어지고, 이 또한 변질의 원인이 되어 차의 향과 맛이 떨어질 수 있으니 주의해야 합니다.

　한편에서는 차 전용 소형 냉장고를 두고 바로 소비할 수 없는 차를 보관하기도 하는데요, 어느 정도 신선도를 유지시켜 줄 뿐 차 맛이 변하지 않는 건 아닙니다.

녹차, 말차와 같은 비산화차들은 되도록 빨리 소비하는 것이 좋습니다.

우리나라의 경우 습도가 높은 여름철에 특히 변질이 잘 되기 때문에, 비산화차, 가볍게 산화발효된 오룡차 보관에 더 주의해야 합니다. 오래 두고 마셔야 할 녹차나 말차를 개봉 전에는 냉장냉동 보관하면 신선도를 유지하는데 도움이 됩니다. 특히 말차는 색도 중요하므로 개봉 후에 밀봉 비닐 팩에 넣어 냉동실에 보관하면 상미기한賞味期限을 늘릴 수 있습니다. 단, 냉장고에서 꺼낸 차는 용기를 바로 열지 말고 상온에 두어 온도 차이를 줄여 사용하는 것이 중요합니다. 처음부터 음용할 일부를 제외하고 소분小分 포장해 넣어두는 것도 한 방법입니다.

차 보관 수칙

- 차는 소량이나 소분 포장으로 구입하기
- 햇빛이 직접 닿지 않는 건조한 곳, 높은 곳에 보관하기(같은 장소라도 높은 곳의 습도가 낮음)
- 개봉하는 시간 짧게 하기(용기를 개봉할 때마다 공기 중 습기를 흡수)
- 개봉한 후에는 되도록 빨리 마시기
- 손이 젖었을 때, 화장품, 향수, 비누같이 향이 있는 물건을 만진 후에는 차 만지지 않기
- 향이 강한 차(국화차, 진피차 등)와 따로 보관하기

차생활을 일상다반사日常茶飯事라고 합니다. 삼시세끼를 챙기듯 하루 한 끼 차를 마셔보면 어떨까요? 차 마시는 일이 평범한 일상이 되면 차를 보관하기 위해 신경 써야 하는 번거로움을 줄일 수 있습니다.

66

찻잔에 얼룩덜룩
물이 들었는데 어떡하죠?

차생활을 하다 보면 애정이 깃드는 만큼 찻그릇에 찻물이 스며듭니다. 찻잔, 다관, 숙우 등에 빙열氷裂된 무늬를 따라 스며든 찻물을 '차심茶心'이라고 부르는데요, 고풍스런 운치가 느껴져 그 멋 그대로를 감상하지만, 심할 경우에는 제거하는 편이 좋은 경우도 있습니다.

찻물이 심하게 낀 그릇은 소다와 구연산을 사용해 없앨 수 있습니다. 사용법을 참고해 물에 희석하여 담가두거나, 소다와 구연산을 1:1 비율로 넣고 삶아내면 됩니다. 찻물이 원하는 만큼 빠지면 바로 꺼내어 깨끗이 씻고 난 후 맑은 물에 1~2회 삶아주면 좋고, 같은 비율로 끓여 물이 뜨거울 때 찻그릇을 닦아주는 방법도 있습니다.

차 찌꺼기를 오래 담아두거나, 마시고 남은 찻물이 시간이 지나면 얼룩덜룩하게 물이 드는 원인이 되는데요, 일상의 작은 실천으로 찻그릇을 아름답게 물들여갈 수 있습니다. 차를 마신 후 미루지 않고 깨끗이 씻어 놓는 습관이 중요합니다. 찻그릇은 대부분 흡수성이 있으므로 세제는 사용하지 않고, 번거롭더라도 가끔 맑은 물에 삶아서 사용하면 더 위생적입니다.

다관은 씻은 후에도 마른 수건으로 닦고 뒤집어 두어 안쪽의 남은 물기를 빼주고, 완전히 마른 후 바로 세워 뚜껑을 비스듬히 덮어 보관합니다. 다관 안의 통기성을 원활하게 하기 위함입니다.

사토 성분이 많은 다관은 관리를 잘못하면 곰팡이가 생기기 쉽습니다. 한번 침투하면 열탕으로 소독해도 완전히 제거하기 어렵고, 미세한 도자기 표면을 들락거렸기 때문에 맛과 향을 해치는 원인이 됩니다. 『조선의 소반조선도자명고』를 쓴 아사카와 다쿠미는 이렇게 말합니다.

"부서지기 쉬운 물건을 정성스럽게 다루는 것은 옛날 사람들이 지닌 미덕이며, 차인들은 그런 수양이 가장 잘된 사람들이다. 깨지기 쉬운 것을 정성스럽게 애용하는 훈련에는 도자기가 가장 적절한 재료이다. 깨지기 쉬운 것을 애용하는 사람에게는 사려, 관용, 너그러움 등의 덕이 자란다고 생각한다."

찻그릇을 소중하게 관리하는 것은 자기 성찰의 한 방법이기도 합니다. 세상 모든 것이 그러하듯이 보기 좋고 아름다운 것에는 그것을 다루는 사람의 마음까지 투영되어 있습니다. 곱게 찻물이 든 그릇을 보노라면 그 주인의 정성스러운 인품이 느껴지는데요, 차인에게 찻그릇은 자신의 얼굴과 같습니다. 소중히 가꾸어 온 것과 소홀히 지나온 것은 흔적으로 남아 말해주기 때문이죠.

67

내 생애 첫 찻그릇,
어떻게 고르죠?

"장인이 그 일을 잘하려면 반드시 먼저 그 기구를 이롭게 해야 한다."

工欲善其事 必先利其器.

『논어』에 나오는 말입니다. 장인에게 좋은 도구가 도움이 되는 것처럼 차인에게도 찻그릇을 갖추는 일이 중요합니다. 차의 향과 맛을 제대로 느끼려면 건강한 차, 물의 온도, 우려내는 시간 못지않게 차의 특성에 맞는 찻그릇을 사용하는 것이 차 맛을 좌우할 수 있기 때문입니다.

사람, 차, 물, 찻그릇이 화합하여 만든 차의 색향기미는 그 깊이가 다르므로 중요한 문제입니다.

그럼 질문을 토대로 찻그릇을 고를 때 참고할 점과, 녹차를 우려 마시기에 알맞은 찻그릇의 기본 도구들에 대해 설명하겠습니다.

첫째, 찻그릇은 크기종류구성이 다양하고 용도에 따라 혼자 마실 것인지, 여럿이 함께 마실 것인지 등을 고려하여 1인용부터 5인용까지 선택할 수 있는데, 반드시 세트로 구입해야 하는 것은 아닙니다.

둘째, 찻그릇의 재질과 두께는 찻물의 온도를 유지하는 중요한 요건이 됩니다. 보통 백자청자분청사기를 사용하는데, 각각 찻물의 온도를 식혀주는 것이 다릅니다. 자기는 1,300℃의 높은 온도로 굽기 때문에 열전도율이 높아 뜨거운 물을 부었을 때 사기보다는 빨리 식습니다. 비산화차인 녹차나 산화발효도가 낮은 차는 자기류가 도움이 되며, 고온의 탕수가 필요한 차들은 사기 계통을 사용해 보온력을 충분히 높여줄 때 좋은 맛과 향이 우러납니다.

정갈한 백색 자기는 찻물 색을 구별하기 좋고, 매끄러운 질감으로 손과 입술에 닿는 촉감도 부드럽습니다.

여기서 잠깐, 우리가 흔히 말하는 '도자기'는 '도기'와 '자기'를 합친 말인데요, 도기와 자기는 약간 차이가 있습니다.

도기와 자기 분류

구분	굽는 온도	비고
도기	1,300도 이하의 온도	도기 중 유약을 바르지 않은 것이 토기
자기	1,300도 이상의 온도	

셋째, 찻그릇의 형태와 기능성을 살펴봐야 합니다. 차를 우리는 도구는 조형적인 아름다움뿐만 아니라 각 부분이 서로 조화롭고 균형을 이뤄야 합니다. 겉으로는 좋아보여도 실제 사용할 경우 기능성이 떨어진다면 차를 우리는 도구로써 적합하지 않으니 주의해야 합니다. 그렇다면 조금 더 자세히 다기 선택 시의 주의사항을 알아볼까요?

다기 선택의 기준

•**다관**茶罐 차를 우리는 그릇

　―다관의 손잡이를 잡았을 때 사용하기가 편해야 하며 손목이 꺾이지 않아야 한다.

　―지나치게 무거운 다관은 물을 담았을 때 무게가 더해져 사용하기 불편하다.

　―다관의 뚜껑과 입구 부분이 잘 맞아야 차를 따를 때 입구 부분으로 찻물이 흘러나오지 않고 향기 손실이 적다.

　―다관의 입구 부분과 물이 나오는 물대 부분이 평행을 이루는 것이 좋다. 물대의 길이가 길어 입구 부분보다 높아지면 차가 입구에서 먼저 흘러나오고, 너무 짧으면 차가 나오는 속도가 빨라져 따를 때 튀거나 절수가 어렵기 때문이다.

•**숙우**熟盂 물을 식히는 그릇

　녹차는 물을 식혀 사용하고, 재탕이나 삼탕의 차를 손님에게 내는 용도로 숙우가 필요하다. 숙우는 부리가 밑으로 쳐진 것을 선택하면 물을 따를 때 물이 부리를 타고 흘러내리므로 쳐지지 않은 것을 고르며, 굽 높이가 조금은 높아야 뜨거운 물을 담아 사용할 때 잡기가 쉽다.

•**찻잔**茶盞 차를 마시는 잔

　찻잔은 손에 잡았을 때 느낌이 좋은 것이 중요하며, 손잡이가 따로 없으므로 열전도율이 낮은 자기가 좋다. 잔의 입이 닿는 부분이 바닥보다 약간 넓은 것이 마시기에 편하며, 밝은 색 잔이 찻물색을 감상하기에 좋다.

•**퇴수기**退水器 버리는 물을 담는 그릇

　차를 우릴 때 예열했던 물을 담는 그릇으로 물 버림 사발, 개수 그릇이라고도 한다.

•**잔탁**盞卓 찻잔 받침

　도자기, 나무, 직물, 금속 등으로 만들 수 있다. 같은 재질의 도자기류는 잔을 놓을 때 소리가 날 수 있으므로, 나무로 만든 것이 찻잔과 부딪칠 때 충격과 소리를 방지하여 더 좋다.

•**차시**茶匙 찻숟가락

　차를 다관에 넣을 때 사용하는 찻숟가락으로 나무 재질이 좋다.

비싼 찻그릇이라고 해서 꼭 좋은 것은 아닙니다. 처음 찻그릇을 구입한다면 크게 부담되지 않는 선에서 보편적인 찻그릇을 선택한 뒤 먼저 사용해 보고, 사용도와 선호도에 따라 재구입하는 방법을 추천합니다.

오케스트라의 악기들이 서로 조화를 이룰 때 아름다운 선율을 감상할 수 있듯이, 차를 마시는 데도 그 자리에 존재하는 모든 것이 어우러질 때 좋은 차 맛을 볼 수 있습니다.

68

말차는 우려 마시는 건가요,
저어 마시는 건가요?

차를 마시기 위해서는 우리는 과정이 필요합니다. '우리다'의 사전적 정의는 '액체에 담가 그것의 맛이나 빛깔, 성분 따위가 배어 나오게 하다'입니다. 그렇다면 말차도 우려 마셔야 할까요? 말차는 우려 마신다기보다는 '물에 가루로 된 재료 등을 넣어 만들다'는 뜻으로 타마시거나, 차선이란 도구를 사용해 저어 마신다고 해야 맞습니다. 말차 음용법은 송나라의 점다법點茶法에서 유래를 찾을 수 있는데요, 차 음용법의 변천에 대해 간략히 살펴보겠습니다.

시대별 차 음용 방법

당唐 대의 자다법煮茶法

- 육우에 의해 체계화된 음용 방법

- 찻잎을 쪄서 고형덩어리인 떡차로 만들어 저장

- 차를 마실 때 가루를 내어 솥에 넣고 끓여 마시는 방법

송宋 대의 점다법點茶法

- 차 가루를 차완에 넣고 걸쭉하게 만든 후 적당량의 끓인 물을 부어 차시를 이용해 풀어 마시는 방법

명明 대의 포다법泡茶法

- 1391년 9월 16일, 태조 주원장에 의한 단차폐지칙령 반포 후 시작된 음용 방법

- 산차를 호에 넣고 끓는 물을 부어 우려 마시는 방법

말차를 저어 마시는 방법은 송나라의 점다법과 매우 유사합니다. 당시에는 차 가루를 풀어 마시는 도구로 차시茶숟가락를 사용하다 보니 미세한 거품을 낼 수 없었지만, 오늘날은 차선찻솔을 사용하여 한층 두텁고 정교한 거품을 만들어 부드럽게 마실 수 있습니다.

그럼 말차는 어떻게 저어 마실까요? 핵심은 '조고調膏와 격불擊拂'입니다.

차도구茶道具 준비 : 차완, 차선, 차호, 차작茶勺, 차건, 퇴수기, 탕관

1. 예열하기

차완과 차선에 뜨거운 물을 조금 부어 따뜻하게 데워줍니다. 예열의 의미와 혹시 있을 먼지를 씻어내는 과정입니다.

2. 물기 닦기

예열한 물은 퇴수기에 버리고 차완 안의 물기는 깨끗한 차건으로 닦습니다.

3. 차 넣기

차작을 사용해 차완에 약 2g 정도의 차를 넣어줍니다. 차의 양은 입맛에 따라서 조절할 수 있으며, 마시다 보면 기호에 맞는 양이 가감됩니다.

4. 조고 하기

조고는 '고르게 잘 섞어 개어주는 것'을 말합니다. 조고용 물의 온도는 40℃ 정도의 미온수로 약 10㎖ 정도를 붓고, 차선을 이용하여 말차가 덩어리지지 않도록 걸쭉하게 개어줍니다.

5. 격불 하기

격불용 물의 온도는 85℃ 정도이고, 물의 양은 두세 번에 나누어 마실 수 있게 약 80㎖ 정도를 부어주는데, 주의할 점은 개어진 차 위에 직접 붓지 말고 차완의 벽을 타고 흘러내리도록 합니다. 엄지와 검지, 중지로 차선의 손잡이 부분을 쥐고 수직으로 세워 빠르게 앞뒤로 저으며 거품을 내는데, 알파벳 M자를 그리는 모양과 흡사합니다. 이때 차완이 흔들리지 않도록 왼손은 차완을 잡아주고 약 20초 정도 손목의 스냅을 이용하여 왕복합니다. 이 과정이 격불이며, 미세한 거품이 고르고 두터워야 잘된 격불이라 할 수 있습니다.

6. 다화茶花 피우기

말차의 거품은 '다화'라는 미칭美稱으로도 불리는데, 다화 피우기는 말차의 거품을 정리한다는 의미입니다. 격불의 마무리 단계로써 차선을 거품 위에서 살살 저어 정리하면 작은 거품이 조밀하게 피어오르고 이 모습이 마치 꽃이 핀 것과 같아 다화라고 합니다. 다화가 피고 나면 다음에는 차완 한 가운데 달을 띄워줍니다. 달을 띄워준다는 것은 차선을 차완의 중심 바닥면에서부터 가볍게 한 바퀴를 돌리며 끌어올려 만드는 것인데요, 두터운 거품 가운데로 볼록한 원이 그려집니다. 둥근 달이 떠오르는 모양을 표현한 마무리로 멋스러움을 더할 수 있습니다.

7. 말차 마시기

말차는 단맛의 다식을 먹고 난 후 입안에 단맛이 남아있을 때 마십니다. 잎차류는 차를 충분히 즐긴 후에 다식을 먹지만 말차는 다식을 먼저 먹고 차를 마시는 것이 일반적입니다.

차완을 두 손으로 들고 세 번 정도에 나누어 마실 수 있고, 경우에 따라서는 말차를 다 마신 후 마무리로 끓인 물을 조금 부어 마실 수 있는데요, 이것을 '백탕白湯'이라고 합니다. 백탕을 마시면 입안 가득 말차 특유의 차 기운이 올라와 달콤함을 느낄 수 있습니다.

말차가 대세라는 말이 나올 정도로 전 세계적으로 인기를 끌고 있습니다. 마셔 보기 전까지는 그 진가를 알 수 없는데요, 푸르른 가루가 잔잔한 꽃으로 피어나며 참맛을 드러내는 말차와 만나보시기 바랍니다.

69

문향이 뭐예요?

문향은 개인적으로 필자와 뗄 수 없는 인연이 있는 단어인데요, 차를 처음 시작해 입문한 차회의 이름이 '문향聞香'이었습니다. 인사동 작은 다실茶庵에 들르면 선생님께서는 언제나처럼 차를 우려주셨는데, 하루는 "향기 한 잔 마셔봐요"라고 하시며 두 개의 잔을 내주셨습니다. 하나는 차를 마시기 위한 잔이고, 다른 하나는 차향을 맡기 위한 '문향배聞香盃'라고 설명하셨죠. 이어 "향기를 맡으려 하지 말고 귀기울여보면 더 좋고"라는 말씀을 덧붙여 주셨는데요, '향기에 귀 기울인다'는 깊고 넓은 표현은 다시 생각해봐도 큰 감동입니다.

차를 즐기며 향을 감상하는 것은 선택이 아닌 필수입니다. 오룡차는 특히 향기 특성이 뚜렷하고 중요하기 때문에 그 향을 더 깊이 있게 즐기기 위해 전용 찻잔인 문향배가 필요합니다. '향을 맡는 잔'이란 뜻으로 '문聞'은 듣는다 외에 맡는다는 의미도 포함하고 있습니다. 향기가 최대한 머물 수 있도록 통형의 길쭉한 모양이며, 실제로 일반 찻잔에 차를 따라 향을 맡는 것보다 더 깊은 향을 즐길 수 있습니다.

1. 우려낸 차를 문향배에 붓는다.

2. 차배를 문향배 위에 거꾸로 덮는다.

3. 왼손으로는 문향배를, 오른손으로는 차배를 잡고 거꾸로 뒤집어 문향배 속의 차를 차배로 옮긴다.

4. 문향배를 코 가까이 가져가 향을 감상한다.

문향배는 향을 즐기는 잔이고, 차배茶盞는 차맛을 즐기는 잔입니다.

향기는 후각으로 감별합니다. 향이 나는 것은 찻잎에 방향물질이 함유되어 있기 때문인데요, 이런 방향물질은 끓인 물의 열 기운을 통하여 발산됩니다. 차의 향기에는 품종, 지역, 제조의 향기(工藝香, 공예향)가 어우러져 있습니다. 먼저 품종의 향기를 느끼고 향기의 강약强弱, 장단長短, 농담濃淡, 순탁純濁을 구별할 수 있습니다.

문향 종류

- **열후**熱嗅 뜨거울 때 향기를 맡는 것
- **온후**溫嗅 절반 정도 식었을 때 향기를 맡는 것
- **냉후**冷嗅 다 식은 후에 향기를 맡는 것

열후는 향기 유형과 강약, 온후는 향기 농담과 장단을 구별합니다. 향기를 맡을 때는 온도에 주의하여, 보통 50~55℃가 적합한데 너무 뜨거우면 코의 민감도에 영향을 미치고, 너무 식어버리면 향기가 제대로 발산되지 않기 때문입니다. 냉후는 향기의 순수함과 혼탁함의 차이를 살피기에 좋습니다. 그 밖에 문향 시 주의할

점으로 찻잎을 우릴 때 향기가 발산되는 시간을 준수하며, 향기를 맡는 시간은 보통 한번에 3~5초인데, 먼저 두 번 정도 살짝 맡고 잠깐 간격을 둔 후에 깊게 한 번 맡습니다.

몇 년 전 대만에서 문향배에 대해 물으니, "요즘에 대만 사람들도 문향배를 잘 쓰지 않기 때문에 찾는 사람이 줄어서 다양하게 팔지 않는다"는 이야기를 들었습니다.

물론 문향배가 있어야만 차향을 감상할 수 있는 것은 아닙니다. 개완 뚜껑으로도 차향을 감상할 수 있고, 공도배公道杯를 문향배와 겸해 실용적으로 사용해도 좋으며, 찻잔의 배저향盃低香(잔향)을 감상하는 것도 한 방법입니다.

차문화 속에는 이렇게 향내음이 물씬합니다. 차! 그 이름을 부르는 것만으로도 입안에 향이 가득해지는데요, 차만이 담아낼 수 있는 그윽한 향기의 향연! 향기 한 잔 어떠신가요?

70

일본 다도에는 어떤 그릇들이
필요한가요?

일본적 미의식이 담겨 있는 다도茶の湯는 생활문화이자 생활예술입니다. 행위를
가다듬어 내면을 들여다보는 수행이면서도 찻자리의 매 순간을 감상할 수 있게 하
는데요, 이는 사물의 미를 찾는 '안목'을 갖추게 합니다. 일본의 찻자리에서는 차는
물론 차를 우려내는 물, 찻그릇, 차를 준비하고 대접하고 마시는 동안 감상할 수
있는 꽃과 그림, 서예 작품, 계절과 때에 맞는 적절한 대화까지 다도 예술의 모든
감상 요소를 준비합니다.

일본 사람들은 특별한 마음가짐을 가지고 찻자리를 준비합니다. '이치고 이치에
一期一會'는 '평생에 단 한 번 만난다'는 뜻으로 차회茶會를 통한 오늘의 만남이 처음
이자 마지막 만남인 것과 같이 소중히 해야겠다는 다짐입니다.

차회에 모인 손님을 위한 존중과 배려는 세세한 법도와 절제된 몸가짐에서 나타납니다. 최고의 예의와 진심으로 상대를 대접한다는 마음은 찻자리 곳곳에서 쓰이는 찻그릇을 통해서도 느낄 수 있습니다. 일본 다도는 차 공간의 기물들을 통해 더 무르익는 듯합니다.

일본의 차문화는 어느 곳을 가든 교양 있는 휴식과 사교의 시간이라는 특별한 의미를 지닌 채 정중한 법도로 이어져 내려오고 있습니다.

이번 질문에 대한 답을 각 기물들의 모양과 쓰임새를 통해 알아보면 다음과 같습니다.

◎ 차노유에 필요한 기물

•**차완**茶碗 | 말차용 찻그릇

•**차센**茶筅 | 말차를 저을 때 쓰는 대나무로 만든 솔

•**차사쿠**茶杓 | 대나무로 만든 차숟가락

•**나쓰메**棗 | 우스차薄茶에 사용하는 차를 담는 도구로 옻칠한 나무통이다.

•**히샤쿠**柄杓 | 가마의 물을 자완으로 옮기기 위해 사용하는 대나무 국자

•**미즈사시**水指 | 가마에 보충하거나 찻그릇을 닦을 때 쓸 찬물을 넣는 물항아리

•**겐스이**建水 | 차완을 헹군 물을 버리는 퇴수기

•**차킨**茶巾 | 찻그릇을 닦기 위한 광목 혹은 삼베로 만든 행주

차이레茶入 | 차완과 함께 찻자리를 장식하는 대표적인 물건. 고이차濃茶를 담을 때 사용한다.

●**후쿠사**帛紗 | 다도에 쓰이는 조그만 손
수건. 차이레나 차완 등을 다룰 때, 차샤쿠
나 가마의 뚜껑 등을 닦기도 한다. 여성은
진홍색, 남성은 보라색이 일반적이지만
유파에 따라 다르고 보통 비단을 쓴다.

●**하나이레**花入 | 차를 마실 때 반드시
꽃이 함께 장식된다. 이 절차도 매우 복잡
하며 종류도 일반 꽃병, 벽에 거는 것 등등
다양하다. 재료도 표주박, 대나무, 도자기,
구리 등으로 매우 다양하다.

●**가케모노**掛物 | 찻자리에 거는 그림이
나 서예 작품 등의 예술품이다.

●**가마**釜 | 찻물을 끓이기 위한 철제 솥. 일
본의 집 안 바닥에 설치하는 고정용 화로
인 로爐용과 여름에 주로 사용하며 따로
숯을 담아 놓는 화로인 후로風爐용 가마
가 있다.

●**가이시**懷紙 | 각종 용도로 쓰이는 얇은
종이로 다도에 사용되는 과자를 받을 때
쓰고, 고이차의 경우 하나의 자완을 돌려
사용하기 때문에 자신이 마신 부분을 닦
는 용도로도 쓰인다.

●**후타오키**蓋置 | 가마의 뚜껑을 올려놓
거나 히샤쿠를 잠시 올려놓는 데 쓰이는
받침대. 대나무를 잘라 만든 것이 가장 대
중적이며 그 외에 도자기, 구리로도 만든
다.

71

찻물에 먼지가 뜨는데,
그냥 마셔도 되나요?

"탕색을 보고, 향을 느끼며, 맛을 보세요."

학생들에게 정성스럽게 우려낸 차를 권하면 종종 "차에 먼지가 떠 있어요!"라는 대답이 돌아옵니다.

찻물 위를 자세히 살펴보면 먼지 같은 아주 미세한 솜털들이 떠 있는 경우가 있습니다. 다구는 예열할 때 헹궈주니 차도구의 먼지가 아니라면 '차에 먼지가 있다'는 생각을 하게 됩니다.

찻물의 솜털은 어린 차싹의 증거

이른 봄 새로 올라오는 차싹은 부드러운 솜털로 덮여 있는데요, 하얀 솜털이 덮인 어린 싹으로 만든 차를 으뜸으로 여겨 백차 중 최상품을 백호은침이라 합니다. 1아1엽 또는 1아2엽으로 만드는 동방미인은 백호오룡이라 합니다. 솜털 때문에 붙여진 이름입니다.

차나무의 품종에 따른 차이는 있지만 봄에 새로 올라오는 싹과 잎으로 만든 차일수록 솜털이 많아 찻물에 떠 있는 것을 볼 수 있습니다. 백차나 녹차의 찻물에는 하얀 솜털, 고급 홍차에는 황금색 솜털이 떠 있는데요. 솜털의 산화발효도가 경미할수록 흰색이, 산화발효도가 높아질수록 황금색이 됩니다.

차를 마실 때 건차를 한 번 살펴보세요. 하얀 솜털이 보이시나요? 우려진 찻물 표면에 백호가 떠 있나요? 먼지가 아니라 산화발효도 일어나는 찻잎 표피세포의 일부분이랍니다.

72

딱딱한 덩어리차는
어떻게 풀어 마실까요?

다양한 모양의 덩어리차들이 있습니다. 운반과 보관이 용이한 장점이 있어 오래 두고 마실 수 있도록 차를 덩어리로 만듭니다. 전통 방법은 산차에 수증기를 쐬어 천에 싼 다음 돌이나 쇠로 만든 틀을 이용해 덩어리로 만들었으나 지금은 대부분 기계를 이용합니다. 산차를 덩어리로 만드는 과정을 긴압이라 합니다.

철로 만든 틀로 눌러 모양을 만든 철병은 작은 돌기들이 병면餅面에 모양처럼 남는데 아주 단단하게 뭉쳐져 세월이 지나도 흐트러지지 않는 장점이 있지만 숙성 속도가 느리고 풀어낼 때 많은 힘이 필요합니다.

병차 뒷면에 동그랗게 패인 자국은 찻잎을 천자루에 넣고 자루를 말아 틀에 넣고 눌러 만들 때壓制(압제) 생긴 자국으로, 이 부분이 무게가 실려 눌러지기 때문에 다른 부위보다 더 단단해 속칭 등심부위라 부르기도 합니다.

이처럼 단단히 압착된 긴압차는 우선 그 일부분을 떼어내야 차로 우릴 수 있는데요, 이렇게 큰 덩이에서 필요한 일부를 떼어내는 것을 '해괴解壞'라고 합니다. 덩

어리를 풀어 헤친다, 혹은 일부를 떼어낸다는 의미입니다.

전용 칼로 덩어리차 해괴하기

덩어리로 된 차를 풀어 마시기 위해서는 도구가 필요합니다. 느슨하게 압제되었거나 세월이 많이 지난 차들은 손으로도 쉽게 풀어 마실 수 있지만, 도구를 이용하는 게 훨씬 깔끔하고 더 수월합니다.

해괴 도구

금속, 대나무, 소뼈, 상아 등 다양한 재질로 해괴 도구를 만든다. 칼날은 금속으로 만들고, 손잡이 부분을 여러 가지 소재로 예술성 있게 만들어 차를 즐기는 즐거움의 한 요소가 된다.

- **차 칼** 일상에서 사용하는 칼보다는 덜 날카롭고 강도가 있어 휘거나 부러지지 않아야 한다.
- **차 송곳** 가늘고 뾰족한 끝부분이 살짝 눌려 납작한 모양이고 단단해야 한다.

칼이나 송곳을 사용할 때 칼날은 2~3cm 정도 나오게 짧게 잡습니다. 칼을 잡지 않은 손이 칼날 방향 앞에 위치하지 않게 하며, 칼끝이 자신의 몸 쪽으로 향하지 않게 합니다.

차를 떼어 풀어낼 때는 보이차반 위에서 하면 부스러기도 밖으로 떨어지지 않고 변죽이 있어 칼이 미끄러져 부상을 입는 것도 방지할 수 있습니다.

병차 뒷면의 등심부위부터 얇게 포를 뜬 모양으로 들어내듯이 풀어낸다면 병차의 모양이 그대로 유지되어 차의 병면을 끝까지 관찰하며 마실 수 있습니다. 가장자리의 느슨한 부분부터 떼어 내면 병면에 칼이나 송곳의 자국이 안 남아서 좋고 비틀어 떼어내는 것보다 얇은 조각의 덩어리로 풀어내기 쉬우며 부스러기가 덜 생깁니다.

타차泡茶는 칼이나 송곳이 잘 들어가지 않아 수직으로 찔러넣은 뒤 벌리듯 풀어내는 방법을 이용합니다.

차를 마실 때마다 덩어리차를 풀어먹는 게 번거롭다면 미리 풀어 도자기나 옹기, 주석, 자사 단지에 넣어 그때그때 꺼내 마시면 간편합니다. 차를 풀어내다 보면 부스러기가 생기는데 부스러기만 따로 모아 우리면 차가 너무 빨리 우러나므로 쪼개진 작은 덩어리와 섞어 우리면 좋습니다.

보이차 한 편을 다 마셔갈 때 즈음 차의 이름이자 표식인 종이로 된 내비內飛가 붙어 있는 부분을 차 조각과 함께 남겨 보관하기도 합니다. 내비를 보면 어떤 차를 마셨는지 기억할 수 있으며 나의 차 이력을 정리할 수 있는 자료로도 활용할 수 있습니다.

73

다구가 차 맛을
좌우하나요?

차는 품종과 제다법에 따라 형태, 맛, 향이 다른 새로운 가공품으로 탄생해 각기 다른 개성을 지니게 됩니다. 차의 개성을 잘 드러나게 만들어주는 여러 요소 중 하나가 차도구입니다. 도구에 따라 더하고 덜할 수도 있는 것이 차의 맛입니다.

채엽 후 가공 과정을 거쳐 완성된 차를 우려 마시는 과정에 필요한 도구를 차도구 또는 다구茶具라 하며, 물 끓이는 도구에서부터 정리보관하는 것까지 종류가 다양합니다.

차의 맛은 다신茶神 즉 차의 색향기미가 얼마나 잘 드러나느냐에 달려 있습니다. 차의 양, 물의 용량과 종류, 탕수의 온도, 다구의 재질과 모양 등을 바꿔보며 각각의 차에서 최선의 향과 맛을 내기 위한 끊임없는 시도가 필요합니다. 시행착오와 자신만의 노력이 맞물릴 때 차 이름에 걸맞는 다신을 찾을 수 있습니다.

그렇다면 '다신'이란 게 뭘까요? 초의스님은 『다신전茶神傳』에서 이렇게 말합니다.

두어 번 우린 다관은 찬물로 씻어 늘 서늘하고 깨끗하게 하여

차향이 줄어들지 않도록 한다.

다관이 맑지 않으면 다신이 일어나지 않고,

다관이 맑으면 물의 성품이 신령스럽게 나타난다.

兩壺後. 又用冷水蕩滌, 使壺凉潔. 不則減茶香矣. 熱則茶神不健. 壺清水性當靈.

　엄격한 다구의 관리와 보관이 차향을 지키고, 잘 관리된 다구에서 다신이 일어
날 수 있음을 강조하고 있습니다. 차인이라면 반드시 지켜야 하는 차생활의 기본
입니다.

　어떤 다구로도 차는 우려 마실 수 있습니다. 비싸고 좋은 다구라 해서 다신이 일
어나는 것은 아닙니다. 꾸준한 차생활로 그 차를 온전히 이해하는 것이 먼저입니
다. 다구도 꾸준히 사용하며 손에 익어야 그 품성을 제대로 알 수 있습니다. 차와
도구에 대한 경험을 바탕으로 다신이 깃드는 선택을 할 수 있습니다.

74

차는 어떻게
구입하면 좋을까요?

차는 마셔도 될 만큼 안전한지, 바르게 만들었는지, 품종의 특색이 살아 있는지, 가격이 합리적인지, 어떤 상태로 보관되었는지, 개인의 소비량은 어느 정도인지 등을 고려하여 구입해야 합니다.

직접 차를 보고 구입할 수 있는 곳으로는 우선 찻집, 다기를 판매하는 다구점, 대형마트 등이 있습니다. 방문하여 시음 후 차를 구입하는 것이 가장 좋은 방법이지만 최근에는 구입의 편리함과 상품의 다양함 때문에 온라인에서 차를 구매하는 경우가 늘어나고 있습니다. 인터넷 상거래를 이용하면 차를 생산하는 다원과 직거래도 가능합니다. 온라인 쇼핑몰에서는 시음을 위해 소분 포장한 차 샘플을 판매하거나, 배송비만 부담하면 샘플을 제공해 주기도 하니 시음해 보고 취향에 맞는 차를 구입하는 것이 좋습니다.

우리나라에서 생산되지 않거나 접하기 어려운 전 세계의 차들을 해외 직구로 구매할 수 있습니다. 대형 브랜드의 국가별 인증마크를 받은 상품은 안전성을 신뢰할 수 있지만, 검증되진 않은 소규모의 차가게 등에서 구입하는 경우 신중을 기해야 합니다. 150달러 이상 구입 시 관세가 부과되니 주의해야 합니다. 국가 간 협정에 따라, 우리나라 농산물을 보호하는 차원에서 녹차에는 20~513.6%, 다른 종류의 차에는 0~40%의 관세율이 적용됩니다. 차를 판매하는 단위는 국가마다 다르므로 국가별 도량형을 확인하고, 본인의 차 소비량을 고려하여 구입하는 것이 좋습니다. 무게와 부피에 비례하는 운송비도 고려해야 합니다.

차품이 곧 인품

차를 구입하는 것은 시행착오의 과정으로, 좋은 차를 만나는 기회도 얻지만 반대의 경우도 피할 수 없습니다. 필자는 맛보지 않고 구매해 실패한 차들은 반면교사反面教師로 삼아 수업에 활용하고 있습니다. 나의 기호에 맞고 가성비價性比까지 훌륭한 차를 찾는 과정은 차를 이해하는 데 도움이 되며, 구입하는 과정은 차 생활의 경험을 다양하게 해주는 요소가 됩니다. 차품茶品은 곧 인품人品으로, 무슨 차를 마시고 있는지가 곧 나의 차 실력이 되며, 건강과도 직결되는 일이니 일상다반사의 중요 부분입니다.

어떻게 차를 구입하면 좋은지 조금 더 살펴보겠습니다.

차 구입 요령

• **포장만 보고 구입하면 안 된다.**

차 포장에 표시되는 정보는 제한적이며 내용물과 상관없이 포장재를 구입해 담아주는 경우도 많아 포장에 표시된 내용만으로 차를 판단할 수는 없다.

• **건차만 보고 구입하는 것은 위험부담이 크다.**

차는 종류와 품종에 따라 외형, 색, 향, 품질이 다양하므로 전문가도 건차의 상태만으로 차품질茶品質을 판단하기 어렵다.

• **차는 직접 마셔보고 구입하는 게 좋다.**

차는 섬세해 온도, 습도, 물, 다구, 우리는 사람의 손맛 등 다양한 요인들의 영향을 받는다. 직접 마셔보고 구입했으나 집에서 우려 보면 그 맛이 나지 않아 다른 차를 가지고 왔다는 의심을 하게 되는 경우도 생긴다. 연하게 우려낸 차의 품질을 판단하는 것은 어려운 일이니, 시음할 때는 차를 조금 진하게 우려 달라고 요청하는 것이 도움이 될 수 있다. 두서너 번 방문해 시음해 보고 소량으로 구입하는 것이 좋다.

• **다우들의 경험담을 참고한다.**

전문가의 평가나 SNS 등을 통해 차인들의 시음기를 참고하면 실패 확률을 낮추는 데 도움이 된다. 그러나 현란한 표현과 홍보성 글에 차의 본질이 가려져 자신의 취향을 잊는 경우가 생기므로 객관적인 판단이 필요하다.

• **차산지나 다원을 방문해 본다.**

차가 생산되는 곳의 자연환경과 가공공정을 경험하면 차에 대한 이해가 깊어지고, 그 관심은 가장 맛있는 차 맛을 끌어내주는 원동력이 된다.

• **차 관련 전시회나 박람회를 이용한다.**

차를 생산하는 다원들과 차와 차도구를 수입하는 업체들이 참가해 부스를 운영한다. 한 공간에서 차를 비교 시음하여 구입할 수 있는 좋은 기회다. 차문화의 트렌드를 반영한 다양한 차도구 구입도 가능하다.

75

차호에 뜨거운 물을
붓는 이유가 있나요?

중국의 문화혁명으로 차를 우리던 형식이 단절되면서 민간의 행다법行茶法은 대만에서 새로운 형식으로 고안되었고 그에 어울리는 차도구를 개발하며 명맥을 이어오고 있습니다. 대만의 행다법은 중국과 우리나라에 영향을 주었고, 중국차의 행다법은 퍼포먼스performance적 요소가 가미된 방식과 공부차 방식으로 발전하였습니다.

중국차를 우릴 때의 다법은 습식다법과 건식다법으로 구분하기도 합니다. 차호에 뜨거운 물을 부어가며 차를 우리는 경우가 습식다법입니다. 먼저 습식다법의 특징을 살펴보죠.

습식다법 濕式茶法

다반茶盤, 또는 다판茶板이라 불리는 찻상 위에서 뜨거운 물을 찻잔에 넘치듯 가득 따르고, 차호 위로 뜨거운 물을 부어 온도를 유지해 준다. 다구 예열이나 세차에 이용한 물은 다반에 연결된 호스를 통해 퇴수기로 빠지기 때문에 물이 고여 있지 않고 찻상 위에는 따로 퇴수기를 두지 않는다.

습식다법의 가장 큰 장점은 다구와 차탕의 온도가 잘 유지되어 고온으로 우리는 차, 즉 발효도가 높은 차에 알맞습니다. 보이차, 흑차, 오룡차 등에 어울리는 방법입니다. 그럼 건식다법이란 무엇일까요?

건식다법 乾式茶法

찻상, 탁자 등에 물이 떨어질 것을 대비해 다포를 깔거나, 작은 접시 위에 차호나 개완을 올려 사용하고 예열이나 세차에 이용한 물은 찻상 위의 퇴수기에 비운다.

건식다법의 장점은 물을 적게 쓰기 때문에 상대적으로 정갈한 찻자리를 연출할 수 있다는 점입니다. 찻상 위에 퇴수기를 같이 배치하면 부피가 큰 다판과, 물 빠지는 호스 등을 설치하는 과정이 생략되어 찻자리 준비의 번다함이 조금 덜합니다. 온도 조절이 용이해 조금 낮은 온도로 우려도 되는 녹차, 백차, 포종차 등에 알맞습니다.

두 가지 방법을 절충해 물이 고일 수 있는 깊이가 있는 그릇에 차호 또는 개완을 올려 차의 종류에 따라 뜨거운 물을 부어 온도를 높여주기도 합니다. 준비가 간편하고 차도구의 조형미를 부각시키는 연출이 가능해 이 절충안도 많이 이용합니다.

퇴수기를 함께 사용해 받침 그릇에 물이 넘치지 않도록 주의합니다. 받침그릇을 뭐라고 부르는지 알아 볼까요?

차호 받침 차도구의 다양한 이름

다반茶盤, 다판茶板, 다해茶海, 다지茶池, 호승壺承, 다선茶船

차를 가까이하면 할수록 차에 따라 맛있게 우리는 나만의 방법을 찾을 수 있게 됩니다. 물의 온도에 민감한 차! 열탕으로 끓여 마셔도 되는 흑차, 뜨겁게 열감을 주어야 할 보이차, 향기 발산을 위해 온도를 맞춰줘야 하는 오룡차, 한 김 식혀 우려야 하는 녹차. 차마다 느끼는 뜨거움의 정도는 다릅니다.

76

녹차를 유리컵에
우려도 될까요?

유리컵에 차를 우려 마시면 깨끗하고 투명해 찻잎의 움직임과 탕색을 볼 수 있고, 다양한 형태와 조형미가 좋아 녹차, 백차, 황차, 화차花茶 등을 우리는 데 이용되고 있습니다. 반면 높은 온도로 우려야 하는 산화발효도가 높은 차는 쉽게 뜨거워지고 빨리 식는 유리의 성질과 안전 때문에 적합하지 않습니다.

유리컵에 차를 우리면 찻잎이 넓은 공간에서 위아래로 움직이며 천천히 풀어져 찻물이 부드럽고 매끄럽습니다. 찻잎이 움직이는 모습을 보고 '춤을 춘다'라는 표현을 하는데, 물을 부으면 찻잎이 위로 떴다 아래로 가라앉는 모습이 마치 춤을 추는 것 같아 꽃잎에 비유하기도 합니다.

유리컵에 우릴 때는 특히 찻잎의 모양과 색이 중요합니다. 눈으로 보며 우리고 마시기 때문에 완전한 형태의 품질이 좋은 차를 골라야 합니다. 또한 온도를 잘 맞추어야 찻잎이 춤을 출 수 있고, 유리컵이 긴 형태일수록 감상하고 마시기에 더 좋습니다. 부담 없이 일상에서 손쉽게 구할 수 있는 유리컵을 통해 녹차 잎이 춤추는

모습을 감상하는 것 또한 색다른 재미가 될 것입니다.

어떻게 하면 유리컵에 향기로운 차를 우릴 수 있는지 알아볼까요?

유리잔 포법

차 넣기	하투下投 : 차를 먼저 넣고 물을 부어 준다. 가장 일반적인 방법. 중투中投 : 뜨거운 물을 1/3정도 넣고, 찻잎을 넣고 흔들어 준 후, 다시 뜨거운 물을 따른다. 가늘고 어린 싹으로 만든 차. 상투上投 : 물을 먼저 넣고 찻잎을 넣는다. 찻잎이 긴밀하게 말려 있거나 무게가 있는 것.
침윤포浸潤泡	끓인 물을 1/4 정도 넣고 찻잔을 돌리며 찻잎을 적셔 준다.
충포沖泡	봉황삼점두수법鳳凰三點頭水法으로 물을 따르며 찻잎을 위아래로 순환시키며 우려낸다. 봉황삼점두수법이란 손목의 스냅을 이용하여 봉황이 머리를 숙여 인사하는 모양으로 물을 따르는 것을 말한다. 세 번의 스냅으로 물줄기의 강약을 조절해 찻잎을 위아래로 섞어 준다.
속수續水	잔에 물이 1/3 정도 남아 있을 때 물을 보충해 준다. 마지막 찻물까지 다 마시면 너무 떫어지고, 두 번째 차의 맛이 연해지니 차의 농도를 일정하게 유지해 준다.

77

간편하고 실용적인
차도구는 없나요?

차생활의 백미는 공력을 들여 우려내는 공부차에 있다지만, 생활 속에서 일상다반사로 이를 실천한다는 것은 쉬운 일이 아닙니다. 그래서 차를 더 쉽게 가까이할 수 있게 도와주는 새로운 차도구들이 나오고 있습니다. 단순한 구조지만 디자인이 예쁘고, 뜨거운 온도에도 유해 물질이 나오지 않는 유리 제품이 많은데요. 도자기류에 비해 휴대성과 가벼움이 주는 만족도가 월등합니다.

시간이 오래 걸려 냉장 상태에서 장시간 차를 우리는 냉침에 적합한 아이디어 상품도 있고, 뚜껑에 촘촘한 거름망이 달려있어 차와 물을 넣고 우려내 잔에 찻물을 따르기만 하면 되는 티팟, 휴대용 텀블러도 있습니다.

휴대용 텀블러는 유리, 강화유리, 폴리카보네이트, 스테인리스 등의 다양한 소재로 만들어집니다. 형태는 인퓨저infuser가 내장되어 있거나 거름망으로 차를 넣는 공간을 분리하고, 우러나는 시간을 조절해 우러난 찻물만 따라 마실 수 있는 구조가 대부분입니다.

간편 차도구

- **표일배**   차를 간편하게 우려낼 수 있는 대표적인 다구. 건차를 넣고 물을 넣어 차가 우러나면 버튼을 눌러 찻물만 분리한다. 찻잎의 양과 시간만 맞추면 간편하게 차를 우려낼 수 있다.

- **프렌치프레스** 건차와 물을 넣고 차가 우러나면 플런저를 내려준다. 2~3회 우려야 하기에 찻잎을 너무 눌러 짜내면 안 된다.

- **냉침텀블러**   냉장 상태에서 천천히 우려내는 데 적합하다. 몸체는 유리로 되어 있고 인퓨저가 달린 실리콘 뚜껑이 있어 냉침 후 찻물만 따라내면 된다.

차를 냉침할 때는 인퓨저나 거름망 소재로 플라스틱, 실리콘, 스테인리스 등을 사용해도 좋지만, 온침용으로 사용할 때는 안전성을 고려해 스테인리스 거름망으로 사용하는 것이 좋습니다.

새로운 아이디어가 담긴 차도구를 차생활에 변화와 활력을 주는 요소로 용도와 상황에 맞게 활용한다면, 시간과 공간, 기물의 제약 없이 차를 마실 수 있습니다. 새로운 디자인과 기능성을 갖춘 다구에 도전해 보세요.

78

찻자리에 어울리는
옷이 따로 있나요?

차생활을 하다 보면 찻자리에서 여러 가지 역할을 하게 될 때가 있습니다. 우선 차를 내는 팽주烹主, 팽주를 보조하는 시자侍者, 찻자리의 손님이 기본입니다. 또한 소수의 다우나 불특정 다수의 손님을 맞이하게 되는 찻자리부터, 주제를 가지고 연출하게 되는 찻자리나 다례법을 선보이는 퍼포먼스까지, 다양한 찻자리도 경험하게 됩니다.

이런 찻자리에 참석하게 될 때, 사실 가장 큰 고민거리 중의 하나가 옷입니다. 특히 단순히 손님으로 참여하는 게 아니라 그 찻자리의 주체가 되어 적극적인 역할을 수행하게 될 경우 아무 옷이나 대충 입을 수가 없습니다. 이때 필요한 것이 차옷茶服(다복), 곧 찻자리용 옷입니다. 차옷은 찻자리에 참여하는 차인들의 옷차림이라고 할 수 있겠지요. 차옷은 여러 팀의 찻자리가 한 공간에서 펼쳐질 경우 단체복으로서의 역할을 하기도 하며, 팽주와 시자 등 그 찻자리에서의 역할을 암시하기도 합니다. 이렇게 격식을 갖춘 차옷은 차인으로서의 단아한 자태를 보여주는 예복이자 찻자리의 격을 높여주는 중요한 요소가 됩니다.

차를 내는 지극한 마음과 정성, 차를 대하는 아름다운 몸가짐과 정겨운 다담이야말로 찻자리의 분위기를 결정짓는 핵심 요소가 됩니다. 무엇보다 팽주의 차림은 과하지도 부족하지도 않아야 되는데요, 팽주의 이미지는 찻자리의 첫인상을 좌우하기 때문입니다.

차옷으로 만들어진 티가운

각 나라에서 생산되는 차를 낼 때 그 나라를 상징하는 옷을 입고 차를 내는 경우가 있습니다. 우리차를 낼 때는 한복을, 중국차에는 치파오를, 일본차에는 기모노를 입는 식입니다. 그런데 서양 홍차를 낼 때 티가운tea gown을 입는 경우는 보기 어렵습니다. 서양식 티 타임은 단순히 차를 마시는 자리가 아니라 사교문화의 중심이었습니다. 티 타임에 꼭 조이는 옷을 입고서는 차를 즐기기 어려웠고, 그래서 편안하면서도 스타일을 살려주는 티 가운을 입었던 것입니다. 이때의 티가운은 차를 마시기 위해 입는 다복으로, 화려한 장식의 실크 드레스였습니다. 티가운은 국가나 민족의 정신과 전통성이 담겨있는 의상이 아닙니다. 패션스타일의 변화 흐름에 따라 굳이 티가운을 입지 않아도 편하게 차를 마실 수 있는 근현대 스타일의 복식문화가 자리잡으며 역사속의 유물이 되었습니다. 시대상황을 재현하는 홍차 찻자리가 아니라면 굳이 티가운을 입을 이유는 없습니다.

차문화는 동서양을 막론하고 상류층이 향유하는 고급문화로, 기본적으로 차를 마시는 사람과 차를 내는 사람의 역할이 분리되어 있었습니다. 요즘은 직접 차를 우리고 마시는 것이 일반적으로, 현대의 차옷은 찻자리에 참여하는 사람 모두가 즐기는 요소가 됩니다.

한복과 일상복의 만남

한복은 우리 정서와 문화적 특징을 가장 잘 표현하는 옷으로, 격식과 예를 갖추는 자리에 우리 옷인 한복을 적절히 활용한다면 더욱 품격 있는 찻자리가 됩니다.

이처럼 한복은 예를 갖추고 분위기를 단아하게 잡아주는 것임에는 틀림이 없지만, 일상적으로 입는 옷이 아니기에 번거로울 수도 있습니다. 필자는 우리 옷 중 액주름포, 철릭 등의 포류袍流와 쾌자, 답호 등의 등걸이류를 현재 우리가 입는 일상복 위에 함께 입어 차옷으로 활용하고 있습니다. 현실 생활과 괴리감이 느껴지는 고리타분한 전통문화를 차문화에 굳이 접목시켜야 하는가라는 의문에서 벗어나, 실용적이고도 심미적인 만족감을 충족시킬 수 있는 차옷이 될 수 있습니다. 연령과 성별의 구분없이 전통은 고루하다는 거부감을 덜고 차생활을 즐기는 데 입는 즐거움까지 더할 수 있을 것입니다.

차옷의 조건

- 몸에 잘 맞아 움직임에 불편함이 없어야 한다.
- 거추장스러워 행다에 방해가 되면 안 된다.
- 화려함으로 차의 검박한 정신에 해가 되어서는 안 된다.
- 역할에 충실한 차림이어야 한다.

79

자사호가 뭐예요?

찻집이나 차실에 가보면 붉은색, 자주색, 노란색, 검정색 등 형형색색의 차호들이 장식되어 있습니다. 일반적인 도자기와는 다른 색감과 질감을 가진 이 차호들을 자사호라고 부릅니다.

자사호는 중국 장쑤성江蘇省 이싱宜興 띵수쩐丁蜀鎭의 황룽산黄龙山(본산) 구릉지대에서 생산되는 자사紫砂 광석을 고운 가루로 만들어 이싱 지역의 전통적 수공 기법으로 빚고, 유약을 바르지 않고 굽는 도기 차호입니다. 자사차호는 이싱에서 출토되는 '자사광석'을 이용하여야 하며, '이싱 전통 제작 방식'으로 만들어야 자사호라 부를 수 있습니다.

자사호와 비슷한 색과 질감, 형태를 가지고 있다 하여도 자사광석이 아니고 물레를 이용하는 등 다른 방식으로 제작된 차호는 자사호라 할 수 없습니다.

자사호 제작 공정

1. 자사광석 채굴採掘

2. 자연 풍화 채굴한 자사광석은 노천에 쌓아두어 자연 풍화되게 한다. 약 1년 정도 소요.

3. 진부陳腐 풍화시킨 자사광석을 멧돌로 분쇄하고 수비水飛해서 고운 가루 형태로 만든 다음 반죽하여 화니和泥로 만들어 보관한다. 최소 6개월 이상 소요.

4. 추니捶泥 진부가 끝난 반죽을 두드려 공기를 빼서 부드럽고 질기게 만든 다음 숙성시킨다. 이때 숙성 기간이 길수록 좋다.

5. 성형成形 이싱의 전통 수공 제작 방법으로 호의 모양을 만든 다음 건조시킨다.

6. 번조燔造 중국 전통 가마인 용요龍窯에 장작을 때서 1,100~1,200℃로 40~42시간 정도 굽는다. 요즘 은 가스나 전기로 굽기도 한다.

수비와 화니

수비	광석을 분쇄 후 물을 넣고 충분히 간 다음 물을 더 넣고 저어서 현탁액을 만든다. 이 현탁액을 다른 그릇에 따라내고 남은 가루를 갈아서 다시 물을 넣고 저어 따라내는 과정을 되풀이한다. 부어낸 현탁액을 가라앉을 때까지 두었다가 위층의 맑은 물을 따라 버리고 남은 앙금을 말린다. 말린 앙금을 다시 갈아 체로 친다.
화니	반죽의 상태로 손에 묻어나지 않고 손가락으로 눌러 지문이 남은 상태가 두 시간 이상 뚜렷이 유지되는 상태.

　　광물질인 자사호는 번조, 즉 굽는 과정에서 종류가 다른 광물질들의 일정하지 않은 변화가 일어납니다. 이 변화로 자사호에는 수없이 많은 미세한 구멍이 생기는데 표면층과 내부가 다른 이중기공구조二重氣空構造를 가져 통기성과 흡수성을 갖게 됩니다. 높은 온도의 탕수를 이겨내고, 차의 풍미를 살려주며, 양호로 빛을 더해줍니다.

자사호의 모양

- **화화花貨** 자연물의 모양으로 만든 것. 매화호, 공춘호, 죽절호 등
- **광화光貨** 기하적적인 모양, 원형, 방형 등. 석표호, 방고호, 수평호 등

자사호는 모양과 형태도 다양하지만 글과 그림을 음각과 양각 기법으로 아주 세밀하게 표현할 수 있어 독특한 장식과 채색이 가능합니다.

차 애호가들의 애장품인 자사호는 원재료의 특수성과 희귀함 때문에, 좋은 니료泥料를 가려내고 예술적 가치를 찾아내는 안목과 경험이 필요한 차도구입니다.

산두호汕頭壺

중국 광둥성 산터우汕頭 지방에서 생산되는 흙으로 만드는 도기로, 물레를 돌려 만든다. 흡수성이 좋아 차의 향미를 지나치게 많이 흡수하기 때문에 호의 겉면에 부드러운 니료泥料를 발라 호의 안과 바깥쪽의 색깔이 다르게 나타난다. 조주潮州 수랍호手拉壺 라고도 한다.

건수자도建水紫陶
水紫陶
중국 윈난성 젠수이建水 현에서 나는 오색토로 만드는 도자기로, 유약을 바르지 않고 가마에 구워낸 후 숯돌과 물로 연마해 유리 같은 광을 낸다. 물레를 사용하여 반제품을 만들고 글자나 그림의 모양을 파고 다른 색의 흙을 채워 장식한다.

80

티백차는 다
싸구려인가요?

티백이 발명된 것은 우연에 의해서입니다. 1908년 차상인 토머스 설리반Thomas Sullivan이 새로운 차가 나오면 고객들에게 주석상자에 차 샘플을 넣어 보내주었는데, 주석상자의 가격이 급격하게 상승하자 비단주머니에 찻잎을 담아 고객들에게 전달하기 시작했습니다. 대안으로 선택한 비단주머니는 의외로 인기가 많았습니다. 비단주머니째 물에 넣어 우려내고 건져내는 방법은 차를 마신 후 젖은 찻잎을 처리하는 번거로움을 해결해 주어 반응이 좋았던 것입니다. 이후 간편하게 티백으로 차를 마시는 방법이 보편화되었고 전통과 문화를 넘어서 차를 보급하는 데 큰 역할을 하고 있습니다. 녹차, 홍차뿐만 아니라 백차, 보이차 등 다양한 종류의 티백이 시중에 유통되고, 많은 사람들이 티백으로 차를 즐기고 있습니다. 티백차는 질이 좋지 않다는 선입견이 있지만, 최상급 녹차인 우전이나 질이 좋은 잎차로 만든 고급형 티백도 있습니다.

그럼 티백이 재질에 따라 어떻게 나뉘는지 알아볼까요?

티백의 종류

- **종이티백** 종이에 포장한 것으로 차의 향이 많이 새어나오기 때문에 구입 후 바로 마시는 것이 좋다.

- **알루미늄티백** 알루미늄 포일로 잎차를 싸서 만든 티백으로 종이포장보다는 향이 날아가는 것이 덜하다.

- **사셰sachet티백** 프랑스어로 향낭, 향주머니라는 뜻으로 나일론이나 고급실크 재질로 만들어진 피라미드 형태의 티백, 찻잎이 움직일 수 있는 공간이 넓어 점핑jumping이 활발하게 일어나 차가 잘 우러난다.

- **모슬린티백** 가장 비싼 티백으로 면 주머니에 차를 넣고 윗부분을 실로 묶어 복주머니 모양 또는 네모 모양으로 만든다.

티백 녹차 우리는 방법

1. 컵을 따뜻하게 예열한다.

2. 뜨거운 물을 붓고, 80～85℃의 온도로 식힌다(물을 먼저 붓고, 나중에 티백을 넣는다).

3. 우리는 시간은 1분 정도로 한다(잎이 잘게 잘려 있어서 물에 닿는 찻잎의 면적이 많으므로 짧은 시간에 우려낸다).

4. 다 우려낸 후 티백을 좌우로 가볍게 흔들어 컵에서 꺼내어 다른 접시에 놓는다(여러 번 흔들거나, 찻물을 짜내거나, 오래 담가두면 떫고 쓴 맛이 나고 탁해진다).

티백 홍차 우리는 방법

1. 컵을 따뜻하게 예열한다.

2. 뜨거운 물을 붓고, 93～95℃의 온도로 식힌다(물을 먼저 붓고, 나중에 티백을 넣는다).

3. 우리는 시간은 1분 정도로 한다(잎이 잘게 잘려 있어서 물에 닿는 찻잎의 면적이 많으므로 짧은 시간에 우려낸다. 물이 식지 않게 뚜껑을 덮어둔다).

4. 다 우려낸 후 티백을 좌우로 가볍게 흔들어 컵에서 꺼내어 다른 접시에 놓는다.

티백 녹차를 우릴 때 컵에 티백을 넣고 뜨거운 물을 부어서 진하게 우려 마시는 경우가 많습니다. 지나치게 뜨거운 물을 붓거나 우리는 시간이 길어지면 차가 떫어지고 불쾌한 쓴맛이 강해집니다. 차는 마시고 싶은데 번거롭다거나 복잡하다는 이유로 주저할 수 있는데요, 간편한 티백으로도 물의 온도와 시간만 잘 맞춰주면 충분히 향기로운 차를 즐길 수 있습니다.

처음 차를 즐기기 시작한 분들 가운데, 녹차의 참맛을 알기도 전에 잘못 우려진 티백 녹차를 맛보고 녹차는 '쓰고 떫다'는 생각을 하게 되는 분들이 많습니다. 그런 분들이 이제라도 질 좋은 티백 녹차를 통해 우아하고 맛있게 녹차를 즐길 수 있기를 기대합니다.

81

스튜드 티가 뭐예요?

스튜드 티stewed tea는 끓이는 차로 물, 우유와 함께 냄비에서 끓여내는 차를 말합니다.

홍차는 우유와 만나면 떫은맛이 부드러워져 편안하게 마실 수 있습니다. 밀크티는 우러난 홍차에 중탕한 우유를 넣는 방법으로 기호에 따라 설탕이나 시럽을 넣습니다. 로열 밀크티는 냄비에 물이 끓으면 차를 넣고 함께 끓여 우러나면, 우유까지 넣어 끓여서 만듭니다. 맛있는 로열 밀크티를 만들기 위해 우유의 막이 생기지 않게 약한 불에서 잘 저어주는 걸 기억해야 합니다. 나라마다 우유 외에 추가되는 재료가 다양해 색다른 맛과 향이 표현됩니다.

영국에서는 밀크티를 만들 때 홍차와 우유 가운데 무엇을 먼저 넣어야 더 맛있는 차가 되는지를 두고 오랫동안 논쟁을 벌이기도 했습니다. 홍차 위에 우유를 넣는 방식을 MIA(milk in after), 우유 먼저 넣고 그 위에 홍차를 붓는 방식을 MIF(milk in first)로 구분하기도 합니다.

차 맛에 대한 기호가 서로 다르므로 언제 우유를 넣는지에 대한 정답은 없습니다. 로열 밀크티에 우유를 넣어 배고픔을 달래주기도 하고, 생크림과 슬라이스 아몬드를 더해 부드러움, 고소함을 느낄 수 있으니 1석 2조입니다. 슬라이스 아몬드 대신 유자, 생강 등을 넣어 다양한 이름의 밀크티를 만들 수 있습니다. 마살라 티에 들어가는 향신료는 약재의 역할도 해서 몸을 따뜻하게 하고 감기에도 효과적입니다.

여러분은 우유 혹은 향신료와 함께 끓여 마시는 홍차 중에 어떤 방법이 마음에 드시나요? 어떤 종류의 차를 선택할지, 향신료를 넣을지, 혹은 기호에 따라 시럽이나 설탕을 추가할지에 따라 아주 다른 맛과 향의 차가 될 것입니다. 그 어떤 좋은 효능이 있어도 맛과 향이 내 입맛에 맞지 않아서 즐기지 못하는 경우도 있을 수 있습니다. 이제 좋아하는 방법으로 홍차와 우유가 만난 포근한 차 한 잔 끓여서 만들어 보면 어떨까요?

82

물식힘사발은
왜 필요해요?

물식힘사발숙우은 끓인 물을 담아 식히기 위해 필요합니다. 녹차는 물의 온도가 높을수록 쓴맛을 내는 카페인과 떫은맛을 내는 카테킨이 많이 우러나와 기호성이 떨어집니다. 반대로 온도가 알맞으면 쓰고 떫은맛은 적어지고, 아미노산의 감칠맛이 많이 우러나오기 때문에 물식힘사발이 필요합니다. 물의 온도가 낮아 미지근하면 차 맛을 제대로 즐길 수 없으므로 약 70~80℃ 정도로 즐기면 좋습니다. 이렇게 차 맛은 물의 온도에 따라 많은 영향을 받게 되는데요, 100℃로 끓인 물을 녹차를 우리기에 적정한 온도로 식히기 위해서 숙우가 필요합니다.

녹차의 맛있는 온도

•우전 60~65℃ •세작 65~70℃ •중작 70~75℃ •대작 75~80℃

뜨거운 차에 익숙한 사람들은 우전을 마실 때 온도가 너무 낮아서 차가 식었다고 느낄 수도 있습니다. 또 녹차가 '맛없고 쓰고 떫다'라고 느끼는 사람들 대부분은 뜨거운 온도에 오랫동안 우려진 차를 마셨기 때문입니다. 차는 물의 온도와 우리는 시간이 매우 중요합니다.

물식힘사발의 또 다른 기능은 차를 나누는 그릇의 역할을 하는 것입니다. 차를 우려서 찻잔에 따를 때, 찻잔마다 여러 번 나누어 따라 농도와 맛을 조절하는 것이 기본입니다. 하지만 이는 노련한 차인이 아니고는 쉬운 일이 아닙니다. 여러 잔에 균등한 양과 농도로 차를 따르기가 쉽지 않은 것입니다. 이때 간단한 해결책이 있습니다. 바로 다관에서 우려진 차 전부를 숙우에 모두 따르고, 이렇게 맛과 농도가 같아진 차를 여러 개의 잔들에 양만 맞추어서 따르면 되는 것입니다. 이런 용도로 활용할 수 있도록 숙우에는 물이나 차를 흘리지 않고 따를 수 있도록 귀(물대)를 만들어줍니다. 그래서 숙우를 일명 '귓대사발'이라고도 부릅니다.

필자는 외국인들에게 다도체험교육을 많이 하고 있습니다. 숙우에서 알맞은 온도로 물을 식힌 후에 차를 우려 마시게 하는데 "부드럽다. 쓰지 않다. 맛있다. 예전에 느꼈던 떫은맛이 덜하다"는 이야기를 하며 물 온도를 식혀서 차를 우려내는 방식을 매우 신기해합니다. 대부분 뜨거운 물을 직접 차에 부어서 우려냈다는 이 전의 경험을 이야기하며 새삼 관심을 가지고 숙우를 들여다보곤 합니다. 녹차뿐만 아니라 모든 차가 열탕으로 우려야 하는 것은 아니므로 온도 조절은 필요하고, 온도 조절을 위해서 숙우를 잘 활용하면 좋습니다. 숙우는 나눔그릇으로도 활용되는데, 여기에는 서로를 배려하는 마음이 담겨 있습니다. 찻자리에 함께한 다우의 수를 헤아려 찻잔에 차를 알맞은 양으로 따라 골고루 마실 수 있도록 합니다. 다른 나라에서도 공도배라는 이름으로 차를 골고루 나누기 위해 쓰이고 있습니다.

물식힘사발과 차 나눔 그릇으로 적절하게 사용해 보세요.

83

차를 맛있게 우리는
비결이 뭘까요?

건강하고 맛있게 차를 마시고 싶어 하는 사람들이 많아지면서 더 맛있게 차를 우릴 수 있는 비법을 묻는 질문도 더 자주 받게 됩니다. 차는 그 종류와 우려내는 방법, 조건 등에 따라 맛이 확연히 달라집니다. 가장 중요한 것은 좋은 차입니다. 좋은 차를 준비하고 난 후, 이를 가장 맛있게 우릴 수 있는 조건과 방법에 대해 정리해 보겠습니다.

첫째, 좋은 물을 준비해야 합니다.

"차는 물의 신(마음 또는 정신)이요, 물은 차의 몸이니, 제대로 된 물이 아니면 그 정신이 나타나지 않고, 제대로 된 차가 아니면 그 몸을 나타낼 수 없다."

茶者水之神, 水者茶之體, 非眞水莫顯其神, 非眞茶莫窺其體.

초의선사의 『다신전』에 나오는 구절입니다. '차는 물의 신神이고 물은 차의 몸身'이라는 말이 있듯, 수질 선택이 잘못되면 그윽한 차향과 차 맛을 그르치게 됩니다. 연수 혹은 단물이라고 하는 깨끗한 샘물을 차의 맛과 향을 가장 좋게 하는 물로 칩니다. 하지만 도시에서는 샘물을 구하는 데 어려움이 있기 때문에, 시판되는 생수나 정수기로 걸러낸 물을 이용하면 됩니다. 수돗물을 사용해야 할 때는 하루 정도 가라앉혀 윗물만 사용합니다.

둘째, 물의 온도입니다.

차는 성분의 추출 정도에 따라 차 맛이 좌우됩니다. 물의 온도에 민감한 차의 성분들은 차 종류별로 우러나는 최적의 온도가 다릅니다. 홍차는 100℃, 백차와 황차는 80℃, 녹차의 경우는 75℃ 정도가 가장 적당한 온도가 됩니다. 녹차 중에서도 우전은 60~65℃로, 대작은 열탕으로 단시간에 우려내는 것이 좋습니다. 향이 중요한 반산화발효차의 경우에는 높은 온도의 물을 사용해야 합니다.

셋째, 차의 양입니다.

차는 1인분에 약 2~3g정도면 적당한데요, 5인을 기준으로 한다면 약 10g을 넣습니다. 기계 차는 수제 차에 비해 단면이 많이 잘려 있어 단시간에 빨리 우러나니 차의 양을 조절해 줍니다.

넷째, 물의 양입니다.

소량을 마실 때는 1인분에 50cc 정도, 많이 마실 때는 1인분에 150cc 정도 넣습니다.

다섯째, 차를 넣는 순서입니다.

일반적으로 다관에 차를 넣고, 그 위에 뜨거운 물을 부어서 우립니다. 그런데 녹차의 경우에는 계절과 물의 온도에 따라 차와 물을 넣는 순서를 달리할 수 있습니다.

상투, 중투, 하투

- **봄과 가을에는 중투법** 물의 반을 먼저 찻주전자에 붓고 차를 넣은 다음 나머지 물을 붓는 방법

- **여름에는 상투법** 물을 전부 먼저 찻주전자에 붓고 나중에 차를 넣는 방법

- **겨울에는 하투법** 차를 먼저 찻주전자에 넣고 나서 물을 전부 붓는 방법

Tip. 오룡차, 흑차, 홍차는 하투법으로 우리면 차가 잘 우러난다.

여섯째, 우려내는 시간입니다.

차의 종류에 따라 우리는 적당한 시간이 다릅니다. 우리는 시간이 부족하면 향기가 덜하고, 너무 오래 우리면 쓰고 떫은맛이 두드러집니다.

차를 제대로 우리려면 물, 차의 품질, 물의 온도, 차를 넣는 방법, 차의 양, 우리는 시간 등이 최적의 상태로 어우러져야 합니다. 위의 6가지 방법을 참고하여 몇 번 차를 마시다 보면 자신만의 차 우리는 방법을 알 수 있게 되지 않을까요? 6가지 방법 외에 더 중요한 것은 차를 대하는 나의 마음입니다. 올바른 마음가짐으로 맛있는 차를 즐기면 좋겠네요.

84

차는 꼭 뜨거운 물에
우려야 하나요?

차가 가지고 있는 성질을 이해한다면 뜨거운 물에 우려낼 때 차의 색향기미 특성이 가장 잘 나타난다는 사실을 어렵지 않게 이해하게 될 것입니다. 찻잎을 제다하는 과정에서 본래 성질이 누그러지긴 하지만, 차는 냉성을 지니고 있어 따뜻하게 우려 마시는 것이 좋습니다. 하지만 무더운 여름 몸과 마음을 시원하게 해줘야 할 때, 차가운 물에 우려서 마실 수 있는데요, 제품화된 냉침전용차를 다양하게 즐기고 있습니다. 특히 미국에서는 차갑게 우려 마시는 냉차ice tea의 인기가 높아서 미국 내 차 소비의 80% 이상을 차지하고 있고 전 세계 여러 나라에서도 차가운 차를 마시고 있습니다. 몇 년 전까지만 해도 중국에서는 시원한 물과 차, 얼음을 구하기가 쉽지 않았는데요, 전 세계 사람들의 다양한 취향을 고려해 중국에서도 냉차 마시는 것을 볼 수 있습니다.

아이스티 발명 이야기

미국의 경우 아이스티가 대중적인 음료로 자리잡은 지 이미 100년이 넘었다. 그렇다면 아이스티는 처음에 어떻게 만들어지게 되었을까? 1904년에 미국 미주리 주의 세인트루이스에서 세계박람회가 개최되었고, 리처드 블레치든은 인도산 홍차를 홍보하기 위해 영국 대표로 이 전시회에 참석하게 되었다. 그런데 무더운 날씨 탓에 관람객 누구도 뜨거운 차에는 관심조차 두지 않았다. 이에 블레치든은 차에 얼음을 넣어 관람객들에게 제공하였고, 이것이 크게 히트를 치면서 아이스티가 만들어지기에 이르렀다. 전통적으로 아이스티 만드는 방법은 설탕을 넣는 남부 방식과, 달지 않게 마시는 북부 방식으로 나뉘고, 찻잔 가장자리에 레몬 조각을 꽂아 장식한 것은 남부와 북부를 가르는 경계지역에서 사랑을 받았다.

차가운 차를 만드는 방법은 크게 두 가지가 있습니다. 뜨겁게 우린 후 식혀서 만드는 법과 더치 커피와 같이 최소 8시간 동안 차갑게 우리는 법이 있습니다. 찬물에 차 맛이 우러나는 데 시간이 많이 걸리기 때문입니다. 다양한 재료에 따라 여러 가지 방법으로 우려낼 수 있습니다.

몇 해 전 시즈오카 차 박람회에서 마신 냉침출한 녹차의 맛을 잊을 수가 없습니다. 찬물 65ml에 녹차 5g을 넣고 5분 정도 우려 맛을 보여주는데, 깊고 진한 맛과 향은 말로 표현하기 어려울 정도로 오묘했습니다. 작은 한 잔에 차밭이 펼쳐진 느낌이었습니다.

재료에 따른 냉침법

• 기본 생수 냉침법

물 500ml 당 찻잎 5g/티백 2개 정도의 분량을 넣고, 냉장실 기준 8~10시간 동안 천천히 우려낸다. 취침 전 만들고 아침에 일어나 찻잎을 걸러내면 편하다. 너무 오래 담가두면 찻잎의 떫은맛까지 우러나므로 냉침 시간은 20시간을 넘기지 않도록 한다.

• 탄산수 & 밀크 소다 음료 냉침법

음료수 용기 그대로 사용하되, 찻잎을 넣어도 넘치지 않도록 한 모금 정도 덜어낸 다음 찻잎을 넣고 뚜껑을 꼭 닫고 거꾸로 뒤집어 냉장실에서 8시간 정도 우려낸다. 무향, 무취의 무가당 탄산수의 경우 단맛이 없기 때문에 차 본연의 깔끔한 뒷맛을 느낄 수 있으며, 단맛이 필요하다면 밀크 소다 탄산음료로 한다.

• 우유 냉침법

우유는 탄산수 혹은 소다 음료와는 달리, 단백질이 주원료이기 때문에 진하게 우려내야 한다. 찻잎을 고를 때 진하게 우러나는 차 종류를 선택해야 한다. 100ml 물에 찻잎 10g 정도를 넣고 뜨거운 물에 3분 정도 추출한 후 우유 400ml를 추가하여 넣고 냉장고에서 24시간 냉침한다.

모리타 교수의 냉침차 당뇨병 예방효과 연구 결과

• **임상실험** 1,300명의 임상실험자를 대상으로 반년 동안 냉침한 차를 마시게 한 결과 82%의 대상자에서 당뇨 수치가 감소했고, 9%는 안전수치로 치유되었다.

• **실험분석** 차엽에는 다당류물질이 있는데 이 물질은 인슐린을 촉진할 뿐만 아니라 혈중 과다 당분을 제거하는 작용을 한다. 대엽종차에는 36.8%, 녹차에는 31.7%, 홍차에는 19.4%가 포함되어 있다.

냉침차가 당뇨병을 예방한다는 일본의 연구결과가 있습니다. 다당류의 물질이 열에 약해서 뜨거운 물로 차를 우리면 쉽게 파괴되는데 냉침하면 많이 우러나옵니다. 이런 이유 때문일까요? 일본 어디서나 볼 수 있는 자판기에는 시원한 녹차를 판매하고, 새로 개발된 냉침출한 생生녹차도 선보이고 있습니다. 냉침을 자주 권장하지는 않지만 가끔 시원한 차가 생각 날 때 냉침차에 기호에 맞는 생수, 탄산수, 밀크소다음료, 우유 등을 넣어 잠시 더위를 잊어보면 어떨까요?

85

다식은 차로 만든
음식인가요?

넓은 의미로 다식은 차와 잘 어우러져 함께 먹을 수 있는 음식을 말합니다. 나라마다 차를 마시면서 함께 먹는 다식이 다양합니다. 유럽에서는 홍차와 함께 스콘이나 케이크, 중국에서는 월병, 일본에서는 양갱 등을 먹습니다. 어떤 사람들은 온전히 차의 맛을 느끼기 위해서는 먹을거리가 필요하지 않다고 말하지만, 사실 차를 더 잘 마시기 위해서는 다식이 필요합니다. 상황에 따라 차만 마셔야 하는 경우와 다식을 함께 먹는 경우를 구분해서 즐기는 것도 한 방법입니다. 사람들과 긴 시간 함께하며 대화를 나눌 때는 차와 함께 적당한 먹을거리도 필요합니다.

옛날 궁중에서는 제철재료를 사용하여 만든 떡, 유과, 정과, 다식 등 차와 어울리며 영양가가 있는 음식을 함께 먹음으로써 차를 즐기는 사람들의 미각을 돋우고 몸을 이롭게 했습니다.

고유한 명칭으로서 '다식'은 재료를 가루 내어 꿀로 반죽하여 다식판으로 찍어 만드는 한국 고유의 과줄과자를 말하는데 콩다식, 흑임자다식, 송화다식, 오미자다

식, 녹말다식, 쌀다식 등이 있습니다.

차의 풍미를 돋우는 다양한 다식의 세계

다식은 재료의 풍미가 좋으면서도 차가 지니고 있는 고유의 맛과 향을 해치지 않아야 하고 몸에 이로워야 합니다. 차가 지닌 떫고 쓴맛과 조화를 이루어 차 맛을 더욱 좋게 할 뿐 아니라 영양을 고려한 간식으로서의 기능도 갖추어야 합니다. 부드러운 식감과 적당한 맛이 있으며, 재료가 가진 천연의 맛과 향이 은은하게 살아 있어야 하고, 모양과 색이 잘 어울리고 보기 좋아야 합니다.

필자는 제주형 다식으로 JTTF(Jeju Traditional Tea Food)프로그램을 통해 제주에서 생산되는 재료를 활용한 지역 고유의 특색 있는 다식을 연구하여 만들고 있습니다.

제주형 다식의 예

• 전통다식

쌀가루, 송화가루, 흑임자가루 등을 꿀과 시럽으로 반죽하여 전통모양(꽃, 나비, 물고기, 연꽃 등)으로 찍어낸다.

제주형 다식으로 볶은쌀가루, 녹차가루, 선인장가루를 넣어 꿀과 시럽으로 반죽하여 제주를 상징하는 한라산, 전복, 한라봉, 돌하르방, 조랑말 등의 모양틀에 찍어낸다.

• 감귤정과

감귤을 깨끗하게 씻고, 물기를 닦은 후에 반으로 썰어서 설탕이 녹을 때까지 잠깐 재워둔다. 설탕과 물의 비율을 1:1로 한 시럽을 만들고, 올리고당이나 꿀을 시럽과 같은 양으로 넣은 후에 재워 둔 감귤을 넣고, 약한 불로 조려낸다. 감귤정과에 사용되는 귤은 겨울철에 수분이 날아간 후에 만들면 더 맛있게 만들 수 있다.

• 표고버섯정과

말린 표고를 불려서 끓인 물에 살짝 데친 후에 물기를 빼둔다. 설탕과 물의 비율을 1:1로 한 시럽을 만들고, 올리고당이나 꿀을 시럽과 같은 양으로 넣은 후 끓으면 표고버섯을 넣고, 약한 불로 조려낸다.

차와 어울리지 않는 음식

씹을 때 소리가 요란하게 나거나 먹을 때 가루가 많이 떨어지거나 즙이 흘러나오는 것들은 다식으로 적합하지 않습니다. 너무 딱딱해서도 안 되며 자극적인 맛이나 향이 있어도 차와 어울리지 않습니다.

내가 좋아하는 차와 어울릴만한 나만의 다식이 있으신가요? 차를 마실 때마다 한 가지씩 어울리는 나만의 다식을 찾아보면 좋겠습니다. 즐거움이 배가 되지 않을까요?

다섯

茶,

생각하다

86

'마음으로 마시는 차'가 뭔가요?

'오심지차吾心之茶'를 말하는 겁니다. 오심지차는 조선시대 도학자이자 차인이었던 한재 이목을 거론하지 않고는 이해할 수 없는데요, 500여 년 전 차의 정신적 위상을 반영하기 위해 『다부』를 저술한 선생은 차를 마음을 수양하는 반려로 삼아 그 공과 덕을 예찬하였습니다. '내 마음의 차吾心之茶'는 바로 이 『다부』라는 책에서 처음 나온 말입니다. 해당 구절을 살펴보죠.

정신이 기운을 움직여 묘경에 들어가면 즐거움은 꾀하지 않아도 저절로 이르게 된다. 이 역시 '내 마음의 차'이니 어찌 꼭 저것(차)에서만 구하리오.

神動氣而入妙, 樂不圖而自至. 是亦吾心之茶, 又何必求乎彼也?

차를 가까이하며 즐거움을 꾀하지 않아도 저절로 이르게 되는 높은 경지를 체험한 선생은 차를 마시는 최고의 단계를 내 마음의 차로 승화시켰습니다. 실질적인 음차飮茶에서 벗어나 내면적인 마음의 차, 한계가 있는 물질의 차가 아닌 무한한 마음의 차를 마실 수 있는 단계를 깨달은 것인데요, 내 마음의 차는 선생이 수련한 결과를 한마디로 응축시킨 것이자, 아울러 차인에게 던지는 강렬한 메시지입니다.

차를 마시다 보면 그 본질은 잃어버리고 겉치레에만 힘쓸 때가 종종 있습니다. '마음으로 차를 마실 수 있는 단계'를 깨닫기 위해서는 차를 '말'하기 보다는 '마시는' 것에 중점을 두어야 합니다. 차와 관련된 옛 글들을 보면 '철啜'자를 써서 마신다고 표현합니다. 이 글자를 자세히 보면 입 '구口'하나에 또 '우又'가 4개로, 마시고 마시고 또 마신다는 의미입니다. 즉 차 마시는 일을 거듭하며 습관이 되기를 바라는 뜻을 엿볼 수 있습니다. 그렇게 마시다啜 보면 스스로 밝아지고, 밝아지면 도리에 맞게 되고, 도리에 맞으면 지혜로운 사람이 될 수 있지 않을까요? '철(啜) 하면 철(哲) 할 수 있습닙니다.' 차를 마심으로써 밝은 사람, 도리를 아는 사람이 될 수 있다는 말입니다.

진정한 차의 도茶道는 마음 끝과 손끝이 하나가 되는 단계입니다. 한재 이목도 차와 마음은 분리될 수 없다고 보고 '차심일여茶心一如'를 통해 내면적인 마음의 차를 이끌어낸 것처럼, 한낱 초물草物에 불과한 차에 정신음료로서의 가치를 부여할 수 있는 것은, 수만 잔의 찻물을 마시는 과정에서 얻어진 소산所産입니다.

우리가 차를 마시는 것은 행복하기 위해서입니다. "목이 마르면 물을 마시고, 우울함과 울분을 삼키려면 술을 마시며, 정신의 혼매함을 깨우치려면 차를 마신다"고 하였습니다. 500여 년 전 저절로 즐거움에 이르게 했던 내 마음의 차, 한때의 정신적 역사로 박제되지 않기 위해서 오늘도 차 한 잔을 마십니다.

87

차를 마시면 정말
스트레스가 해소되나요?

네, 좋아서 마시는 것이니 당연히 스트레스 해소가 됩니다! 일상에서 조금 더 행복하기 위해서 우리는 좋아하는 일을 하는 것에 지금보다 훨씬 더 많은 관심을 가져야 합니다. 좋아하는 일만 하면서 살 수 없다는 어른스러운 조언에 늘 잘하는 일만 하면서 살 수 없다는 자기만의 주문도 필요한데요, 그것이 자기다움의 행복한 삶을 사는 비결이기 때문입니다. 현대인의 과도한 스트레스는 어제오늘의 일이 아닙니다. 더욱이 요즘은 극심한 '우울증'과 '불안장애'로 고통받는 사람들이 늘고 있는데요, 나와는 상관없는 일로 생각할 수 없습니다. 점점 유연성을 잃어가고 있는 우리의 마음과 몸을 더이상 방치해서는 안 됩니다. 긴장을 풀고 휴식을 위한 방법의 하나로 보통 반신욕을 권하죠. 온탕에 몸을 담그고 피로를 풀 듯, 마음도 따뜻한 찻물 속에서 쉴 수 있습니다.

우리 몸의 혈액 순환과 체온을 조절하는 역할은 대부분 수분, 즉 물이 합니다. 체온을 유지시키기 위해서는 따뜻한 물을 자주 마시는 것이 좋은데요, 단조로운

물에 기호에 맞는 차를 더해 마신다면 몸과 마음의 건강을 지켜주는 탁월한 선택이 될 것입니다.

차는 스트레스를 이긴다

- 스트레스는 우리 몸을 산화시키고 염증을 유발하는 원인이 되는데, 차에 함유된 카테킨 성분이 항산화 작용, 혈중 지방 제거, 염증 제거를 돕고, 가벼운 몸을 만드는 데 효과가 있다.

- 적당한 카페인 섭취는 중추신경계를 자극해 정신을 맑게 하고 긍정적인 사고를 할 수 있게 돕는다. 차에 함유된 카페인은 테아닌 성분과 만나 일부는 흡수되지 않고 배출된다.

- 스트레스로 인한 긴장 완화에 도움을 주는 성분으로 테아닌의 기능이 높이 평가되고 있다. 테아닌 성분은 천연진정제로 인정받아 차 음용 후 30여 분이 지나면 심신 안정, 집중력 향상 등의 효과가 나타나는 것으로 입증되었다.

차 성분으로 인한 효과 외에도, 차를 우리는 과정에서 얻게 되는 심신의 안정을 빼놓을 수 없습니다. 차를 우리는 동안 줄어든 생각은 마음의 근육을 기르게 하고, 차 우리기에 집중한 몸과 마음은 우리에게 평온함을 주기 때문입니다. 언젠가 호주에서 함께 차를 마시던 꼬마 다우茶友의 말이 생각 납니다. "차를 마시면 peace가 있어요."

차는 아름다운 색香미를 마시는 것일 뿐만 아니라, 스트레스로 흐트러진 나를 모으는, 그 '과정을 마시는 음료'입니다. 차야말로 자연이 주는 휴休 음료가 아닐까요?

88

차가 오히려 건강을
해칠 수도 있나요?

허준은 『동의보감』에서 차의 성질과 효능에 대해 이렇게 말하고 있습니다.

차나무의 성질은 조금 차고, 그 맛은 달고 쓰면서 독이 없는 식물이다. 그 성질이 쓰
고 차서 기운을 내리게 하고, 체한 음식을 소화시켜 주고, 머리와 눈을 맑게 하고,
소변을 잘 통하게 한다. 소갈증消渴症을 멈추게 하며, 사람으로 하여금 잠을 적게 해
주며, 뜸에 데인 독을 없애준다.

苦茶性微寒(一云冷), 味甘苦無毒. 下氣, 消宿食, 清頭目, 利小便. 止消渴, 令人少睡,
又解炙炒毒.

이처럼 차는 여러 가지 유익한 효능이 있지만 지나친 것은 부족한 것만 못할 때
가 있습니다. 차를 마실 때 삼가야 할 몇 가지를 이야기해 보겠습니다.

1. 공복에 차 마시기

중국인들은 예부터 공복에 차를 마시면 차의 성질이 폐肺에 들어가 비위脾胃를 차게 한다고 믿었습니다. 그래서 공복에 차 마시는 일은 '승냥이를 집 안에 몰고 오는 격'이라는 속담까지 있습니다. 식전에 차를 마실 경우 침이 찻물에 희석되어 식욕이 떨어지고, 소화기관의 단백질 흡수 기능을 일시적으로 저하시킬 수 있으므로, 차는 식후 30분 후에 마시길 권합니다.

2. 끓는 차 마시기

뜨겁게 끓인 차를 마실 경우 인후咽喉, 식도食道, 위를 자극해 각 기관들이 손상되고 병에 걸릴 수 있습니다. 차에 맞는 적당한 온도로 향과 맛을 느끼면서 마시는 것이 좋습니다.

3. 냉차 마시기

무더운 여름 냉차를 즐기는 경우를 종종 봅니다. 차의 찬 성질을 고려해 보면 냉성을 더해 마시는 일이 되겠죠. 체질에 따라 몸을 차게 만들 수 있으므로 냉차는 가려 마실 필요가 있습니다.

4. 시간이 지난 차 마시기

차를 우리고 시간이 지나면 카테킨, 방향물질 등이 산화되어 찻물의 색이 어두워집니다. 또 식어버린 차는 맛과 향을 잃어 마실 가치가 줄어드니, 차는 바로 마시는 것이 좋습니다.

5. 찻물로 약 먹기

"찻물은 약을 풀어버린다"는 말이 있습니다. 찻잎 속의 카테킨 성분이 약물이 인체에 흡수되는 것을 방해하여 약효를 떨어뜨릴 수 있으니 삼가야겠습니다.

6. 취할 정도로 차 마시기

농도가 진한 차를 과음하거나 여러 종류의 차를 장시간 마시는 등 차를 마시는 방법이 적절하지 못할 경우 술에 취하는 것처럼 차에도 취하게 됩니다. 이렇게 차에 취하는 것을 '차취茶醉'라고 하는데요, 손이 떨리고, 팔다리에 힘이 없고, 몸이 휘청거리고, 위의 통증, 위산 과다, 속쓰림 등의 여러 증상이 나타납니다. 이 때 당분을 섭취해 일시적으로 증상을 회복할 수 있으니, 차를 잘 마시기 위해서는 적절한 다식 섭취가 필요합니다.

차생활이 익숙해지면 무심코 하는 행동도 하나둘 늘어납니다. 자신만이 하는 익숙한 실수들에 주의하세요. 지나친 건 부족한 것만 못하다는 말처럼 적당하게 차생활을 즐기다 보면 건강한 삶이 다가와 있을 것입니다.

89

차생활을 하면 정말로
몸가짐이 바르게 되나요?

차생활의 기본은 정돈된 마음과 정성이 담긴 몸가짐이 바탕이 되므로 바른 몸가짐을 습관화하기에 제격입니다. 차는 자연과 인간을 이어주는 정신음료이며, 인간과 인간을 이어주는 사교음료로써 몸가짐과 마음가짐에 정성과 집중 없이는 제대로 된 차의 색향미를 즐길 수 없습니다.

예로부터 몸가짐을 바르게 할 때는 율곡 선생의 '구용九容'의 실천을 기본으로 강조하였습니다. 차생활에 있어서도 구용의 아홉 가지 몸가짐을 토대로 유의할 점을 살펴보겠습니다.

1. 족용중足容重

차생활에서 발의 용모는 무겁게 움직여야 합니다. 뜨거운 차, 다식, 조심히 다뤄야 할 기물 등이 있는 자리이기 때문에 가벼운 발놀림, 경솔한 움직임은 주의해야 합니다.

2. 수용공手容恭

차생활에서 손의 용모는 공손해야 합니다. 찻일에서 손의 모양새는 정성誠이자 예술美입니다. 손끝을 통해 마음의 정성이 드러나고 손길은 아름다움을 드러내기에 부족함이 없습니다.

차를 마실 때 왼손은 찻잔을 받치고 오른손은 찻잔을 잡는데요, 세상의 음료 중 두 손으로 자신에게 권하는 음료는 차가 유일합니다. 그 손이야말로 수용공이 표현할 수 있는 최고의 경지가 아닐까요. 정성과 공경의 시작은 나로부터 말미암아 타인에게서 참다워야 합니다. 차는 차인의 손과 마음이 하나가 되어 탄생하는 것입니다.

3. 목용단目容端

차생활에서 눈의 용모는 단정해야 합니다. 차를 우리는 동안 손의 움직임과 눈길은 같은 곳을 향해 조화로워야 하고, 우린 차를 손님에게 내줄 때면 단정한 눈인사에 정이 묻어납니다. 차회에서 마주하는 사람, 차, 기물 등을 대할 때 역시 편안한 눈매는 중요합니다.

4. 구용지口容止

차생활에서 입의 용모는 신중하게 가져야 합니다. 화와 복의 근원이 되는 입은 어느 자리에서든 조심해야 하는데요, 차를 매개로 사람과 사람이 소통하는 자리인 만큼 더욱 신중해야 합니다.

차회는 여러 사람이 모인 자리이다 보니 자칫 차 마시는 일에 소홀할 수 있습니다. 입 '구口'가 세 개 모이면 '품品'이 되죠! 품위 있는 찻자리는 차를 마시고 음미하는 일이 우선되어야 합니다.

5. 성용정 聲容靜

차생활에서 소리의 용모는 차분하게 합니다. 차와 사람 도구들이 함께하며 낼 수 있는 모든 소리에 있어 소란스럽지 않도록 살펴서 찻자리를 즐기는 일에 방해가 되지 않도록 합니다.

6. 두용직 頭容直

차생활에서 머리의 용모는 곧고 바르게 가져야 합니다. 차를 막 시작해 물을 따르는 연습을 할 때 물이 떨어지는 방향으로 머리가 기울어지는 모습을 종종 보게 되는데요, 이때 두용직을 기억하세요. 척추를 바로 세워 머리를 곧게 하고 치우치지 않는 자세는 우리 몸을 바르게 합니다. 이 외에도 향이 강한 헤어제품, 청결하지 않은 두발, 단정하지 않은 헤어스타일도 찻자리에 실례가 될 수 있으므로 주의해야 합니다.

7. 기용숙 氣容肅

차생활에서 기운의 용모는 엄숙히 가져야 합니다. 뜨거운 물을 따를 때, 차가 우러나기를 기다릴 때, 우러난 차를 찻잔에 나눠 따르며 마지막 한 방울까지 집중함으로서 호흡을 흩트리지 않습니다. 차분하게 우리는 차, 우리 일상의 숨고르기입니다.

8. 입용덕 立容德

차생활에서 서 있는 용모는 의젓해야 합니다. 만남에 있어 첫인상이 중요한 만큼 끝인상도 중요합니다. 대개 앉아서 이루어지는 일이 많은 찻자리지만 손님을 맞이하고 배웅할 때 바르고 의젓하게 선 자세는 그날의 시작과 끝을 마무리하는

일인 만큼 소홀히 할 수 없습니다.

아울러 입용덕은 물리적 기립 상태만을 의미하는 것이 아닌, 사고思考에 있어 중심을 잃지 않는 내적 태도까지도 포함하고 있습니다.

9. 색용장色容莊

차생활에서 얼굴의 용모는 가지런하게 합니다. 얼굴빛과 표정은 어두운 기색 없이 밝게 하며, 태만하지 않도록 하는데요, 앞서 소개한 대로 바른 몸가짐의 차생활을 실천하다 보면 잔에 담겨진 맑고 고요한 찻물처럼 얼굴빛과 표정도 자연스럽게 닮아갈 수 있습니다.

"딸을 낳으면 '다도'를 가르치라"는 이야기가 있습니다. 동양의 고급문화인 다도는 향과 맛이 깊은 여러 가지 차를 장인들이 만든 우아한 다기에 따라 마시는 복福을 누려보고, 다도를 익히며 몸가짐과 표정을 세련되게 다듬을 수 있기 때문이라고 합니다. 그러나 차는 Woman만이 아니라 Human이라면 배워야 할 인생 필수과목이라 생각합니다. 차생활로써 바른 몸가짐이 일상화되길 바랍니다.

90

AM1012 차생활,
왜 추천하세요?

영국에서는 차가 필요한 상황과 즐기는 시간대를 구분해 각각 이름을 붙여 부릅니다. 그 중 11시경에 마시는 '일레븐시즈elevenses'는 영국 주부들이 아침과 함께 하는 브렉퍼스트 티를 마신 후, 가족들을 일터와 학교로 보내는 아침의 일과를 마무리하고 11시경에 마시는 티 타임을 말합니다. 이른 아침과 점심식사 사이로, 직장에서는 오전 티 브레이크tea break 시간이기도 합니다. 이 시간에 마시는 '한 잔의 차a cup of tea'를 cuppa라 부르기도 합니다.

우리나라 주부들도 가장 여유롭게 차를 즐길 수 있는 시간이 바로 이 무렵입니다. 남편을 직장으로, 자녀들을 학교나 유치원, 혹은 어린이집으로 보내고 나면 대개 9시가 넘습니다. 아침 설거지와 간단한 집안 정리를 마치고 나면 대략 10시 전후가 되죠. 그리고 바로 이 시간이 혼자만의 자유를 즐길 수 있는 시간이자 나만의 티 타임을 갖기에 최적의 시간입니다. 점심식사 전, 10시에서 12시까지 나만을 위한 힐링 티 타임healing tea time을 가져보면 어떨까요?

호젓한 혼자만의 시간도 좋고 친구, 이웃, 가족 등 누구라도 차 벗이 되어 차와 다식을 즐기는 'AM1012 차생활'을 실천해 보시길 권합니다. 차보다는 쉽게 접할 수 있었던 커피로 오전 시간을 보냈다면, 지금부터는 우려내는 과정에서 힐링이 되는 차를 마시며 오후를 시작해 보시기 바랍니다. 다구를 배열하며 생각을 가다듬고, 정갈한 찻자리를 차리며 아름다움을 추구하고, 좋은 생각을 하게 됩니다.

대한민국형 오전 티 브레이크 'AM1012 차생활'을 실천한다면 차분하게 일상을 헤아려보는 여유와 마음의 변화를 느낄 수 있습니다. 잠시의 멈춤이 하루의 점검이 되어 알차고 여유 있는 일상을 만들 수 있습니다.

91

찻자리의 기본 에티켓이 뭔가요?

초대에는 RSVPrépondez s'il vous plaît가 필수입니다. 찻자리 초대도 예외는 아닌데요, 차 모임의 성격, 주제, 차의 종류, 참석 인원, 장소, 일시 등의 정보를 담아 정중하게 초대합니다. 초대받은 사람은 참석 여부와 감사의 마음을 전달하며, 찻자리 손님으로 참석을 결정했다면 제공받은 사전정보를 참고해 준비합니다. 차모임이 끝난 후 고마움을 전달하는 것이 RSVP의 마지막입니다.

R.S.V.P
répondez s'il vous plaît

- 초청자 선정
- 초청장 작성
  (주제, 참석자, 시간, 장소 안내)
- 초청장 전달

- 참석여부확인
- 참석자 명단 확정
- 참석자 확인 및 안내
- 감사장 발송

초청 의사 전달 ⇨ 초청장 발송 ⇨ 초청장 수령 및 참석 의사 확인 ⇨ 감사장 발송

차 모임에 참석할 때의 에티켓

- 격식을 갖춰 마련되는 찻자리에 갖추어 입는 옷을 차옷다복이라 한다. 자세와 차림에 신경을 쓰다 보면 찻자리에 집중하기 어려우니 찻자리가 좌식인 경우를 고려해 편하고 여유 있는 옷을 선택하는 것이 좋다.

- 차의 색향기미를 함께 즐기고 나누는 것이 찻자리의 궁극적인 목적이다. 손으로 다구와 찻잔을 만지고 문 향하니 향수나 향이 강한 화장품과 비누의 사용을 피한다.

- 찻자리에 함께하는 고마움의 마음을 담아 간단한 다식이나 함께 나눌 수 있는 차를 준비한다면 기억에 남는 다우가 될 것이다.

- 찻자리가 준비된 차실을 방문했다면 관심을 가지고 둘러보는 것은 팽주에 대한 예의 표시지만 차실의 물건들은 박물관의 전시품과 같은 예의를 갖춰 감상하도록 한다. 만져보거나 사진 촬영은 주인 양해를 얻은 후 한다.

찻자리의 기본 에티켓을 알아보았습니다. 찻자리는 꼭 엄숙하고 침묵이 미덕인 자리만은 아닙니다. 사람과 사람을 진실한 관계로 연결하는 매개로 차만한 음료는 없습니다. 차를 마주하며 함께한 모든 다우들과 진심으로 소통하고 차의 즐거움을 나눌 수 있음을 감사할 수 있으면 그것이 곧 차의 미덕입니다. 매 순간을 일기일회 一期一會의 마음으로 최선을 다하는 찻자리를 만들어 가길 바랍니다.

92

차 종류마다 그 향을 나타내는
독특한 표현이 있다고요?

남쪽의 아름다운 나무인 차나무의 잎으로 만든 차는 그 맛에 더하여 맑고 아름다운 향과 기운으로 우리의 오감을 깨워줍니다. 건차에서 올라오는 향을 시작으로, 예열된 차도구에서 열과 만나 은은하게 향을 보여주기 시작합니다. 차도구에서 뜨거운 물을 받으면 방향성 물질들이 활동을 시작하며 본격적으로 아름다운 향기를 발산합니다. 찻물의 향기, 문향배에서 느껴지는 온향과 냉향, 입안에서 느껴지는 오미五味의 조화로운 맛과 향, 매끄러운 목넘김과 이어지는 회감, 찻잔의 배저향杯底香, 이 모든 것을 어떤 말로 형용할 수 있을까요?

과거 차인들은 차의 품종별 특징을 함축적으로 표현하여 '운韻'이라고 하였습니다. 운은 차의 기운과 향, 여운을 뜻합니다. 이러한 표현은 개인의 주관적인 경험을 바탕으로 표현되기 때문에 반드시 모두가 느껴야 하는 것은 아닙니다. 차의 특징을 운율을 빌어 멋스럽게 표현한 것이 있다는 정도로 참고하면 됩니다. 나의 감성과 오감으로 느껴지는 그것이 진정한 차의 멋이고 운입니다.

무이암차의 암운

무이암차의 '암운暗韻'은 정암차에만 나타나는 특징으로 암골화향巖骨花香이라고도 하는데요, 바위의 묵직함과 깊은 꽃향을 뜻하는 것으로, 청淸, 향香, 감甘, 활活로 세분됩니다. 높은 향기의 지속성과 여러 번 우려내도 맛과 기운을 유지하는 내포성內包性, 윤기가 흐르며 점성이 느껴지는 차탕의 밀도를 종합적으로 표현하는 단어입니다. 차산지의 기후, 토양, 지형적 특성떼루아과 품종의 특징, 숙련된 제다 장인의 손길이 만나 이루어지는 정암차만의 암운이 주는 신비로움 때문에 신운神韻이라고도 합니다. 이끼가 덮인 오래된 차나무에서 나는 노총수선老叢水仙의 청태운靑苔韻을 이야기 하기도 합니다.

암골화향	청		맑고 투명한 등황색 차탕, 잡미가 없다.
	향	진향	진하고 그윽한 향
		난향	난꽃의 향
		청향	녹차의 맑고 담백한 향
		숙향	홍차의 깊은 숙성향
	감		감칠맛을 지닌 단맛으로 회감이 좋고 진하게 마셔도 쓰고 떫지 않다.
	활		밀도가 높은 차탕과 매끄럽고 부드러운 목 넘김
	신		인간의 모든 감각으로 느끼며 표현할 수 없는 신비한 조화로움

철관음의 음운

철관음의 향은 깊습니다. 낮은 온도의 반복적인 탄배 과정을 거치며 생긴 깊은 향과 탄미, 짙고 농밀한 난향, 광택이 있는 차의 빛깔은 산뜻한 취록색으로 맑고 투명한 금황의 탕색을 보여줍니다. 화려한 난향에 달콤함과 향긋함이 짙고 차를 마신 후에 미묘하게 스치는 매운향과 오래도록 입 안을 맴도는 향을 '철음운鐵音韻' 또는 '관음운觀音韻'이라 하고 줄여서 '음운音韻'이라고 합니다.

관음운 / 철음운	청		청량하고 맑은 난화향의 황금빛 찻물이 농밀하다.
	향	숙과향	잘 익은 과일의 달큰한 향
		화향	기품 있는 난초의 진한 향
		매운향	고추 말릴 때 피어오르는 매운 내
		자연향	천연의 밀향
	감		뒷맛은 달며 회감이 좋고 오래 남는다.
	특색		사록색의 윤기가 흐르는 잠자리 머리 모양의 청정두. 녹엽홍양변綠葉紅兩邊 : 녹색 찻잎에 홍색 테두리. 칠포유여향七包有余香 : 7번을 우려도 깊은 향기가 남아 있다.

봉황단총의 산운

봉황단총은 향이 온화하면서도 두텁고 무거운 것이 특색으로 천연의 꽃향과 과일향을 가지고 있습니다. 개성 강한 쌉싸름한 맛은 단맛으로 돌아옵니다. 숲속에 들어가 깊은 심호흡을 하고 있는 느낌과 같다 하여 '산운山韻'이라 하는데, 해가 빨리 져 일조량이 적고, 상대습도가 높은 일교차가 있는 지역의 산중에서 자라며 해발고도가 높을수록 산운이 뚜렷하다고 합니다. 봉황단총이 아니어도 산에서 나는 차의 산운을 이야기하기도 합니다. 라오핑饒平 북부 산간에서 나는 영두단총만의 독특한 밀운도 있습니다.

향밀운미 香蜜韻味	청	찻물이 등황색으로 맑고 깨끗하다.		
	향 18 종	자연화밀향형自然花蜜香刑	8종	맑고 순수한 천연 꽃향, 과일향과 견과향이 부드 럽고 그윽하다.
		약물향형藥物香型	4종	
		과미향형果味香型	3종	
		기타 향형	3종	
	감	진한 맛이지만 떫지 않고 회감이 빠르고 상쾌하고 맑으며 단맛이 많다.		
	특색	건엽은 회갈빛, 비취빛이 돌며 광택이 있다. 우려낸 잎이 두텁고 실하다. 영두단총 : 톡톡한 화밀향이 진하고 두텁다.		

동정오룡의 후운

동정오룡凍頂烏龍은 대만 동딩산에서 생산되는 차로 무르익은 과일향과 군밤 등 견과류 향의 구수함은 차 맛에 무게감을 더해 안정적이고 마시고 난 뒤 조청 같은 맥아당의 단맛이 남습니다. 독특한 풍미, 차탕의 윤택함은 목을 편하게 하는 후운喉韻이 됩니다.

후운	청	등황색 찻물이 맑고 깨끗하다.
	향	견과류 향과 숙과향이 조화롭다.
	감	매끄러운 목 넘김 후 올라오는 가벼운 산화향.
	특색	건엽의 향이 좋으며 녹갈색 반구형이다. 엽저는 담녹색으로 가장자리가 붉다.

보이차의 진운, 진향

오랜 세월의 시간을 담은 보이차는 '진향陳香', '진운陳韻'이 있습니다. 보이차의 진운은 일정한 지식과 오랜 경험이 축적되어야 독특한 맛을 미각으로 느낄 수 있습니다.

좋은 보이차는 운남 대엽종 교목喬木의 찻잎을 햇볕에 건조하여 만들고, 적정한 온도와 습도를 유지하고 통풍이 잘되는 조건에서 장기간 보존한 것으로 특유의 향과 깊은 맛의 기운이 있습니다熱藏熱冷藏香(열장숙냉장향). 오랜 시간의 발효 뒤에도 남아있는 품종과 떼루아의 맛은 찻잎의 등급, 제작 과정의 신선도, 적정한 보존 과정에 따른 결과입니다. 숙성과 보관의 시간이 조화를 이룬 보이차의 검붉은 찻물은 차기茶氣와 함께 윤갈기潤渴氣, 매끄러운 윤기와 점성이 느껴지는 조밀함를 느낄 수 있습니다. 진성眞性은 고유한 차나무 품종의 향을 암시하는데, 이것이 보이차의 진운眞韻입니다.

진성眞性	교목喬木	장향樟香	야생 교목 차나무가 장나무와 함께 군락을 이루어 나는 향과 차의 방향성 물질의 변화에서 나오는 향이다.
		난향蘭香	세월이 조금 지난 후 나는 향으로 그윽하고 자연스러워 머리를 맑게 한다.
		조향棗香	노쇠한 잎으로 만든 차에서 나며 은은한 단맛으로 대추향이다.
		죽향竹香	약향藥香 한약에서 나오는 향과 쌉쌀함이 어우러진 독특한 향
	관목灌木	하향荷香	연꽃향으로 숙차에서 잘 발현된다.
		청향淸香	차나무 본연의 향이다.

차나무의 강인함에 대해 새삼 생각하게 됩니다. 찻잎을 시들리고, 고온에 덖고, 상처를 내고, 수증기로 찌고, 열풍과 햇빛에 말리고, 압력을 가해 뭉치고, 세월의 무게까지 얹어도 자신이 드러내야 할 모습을 잃지 않고 보여줍니다. 건강한 찻잎으로 잘 만들어진 차는 우려내는 횟수가 거듭될수록 차나무 본연의 목질향까지 더합니다. 조용히 운을 맞춰 전해지는 차의 이야기에 귀 기울여 보세요.

93

왜 혼자 마시는 차가
더 좋다고 하나요?

    차를 마시는 이유는 개인마다 다를 것입니다. 그저 차 맛이 좋아서, 혹은 건강에 좋다는 이유로, 물 대신에 습관처럼 차를 마시거나, 어떤 사람들은 생각을 정리하고 기분을 전환하는 방편으로 차를 마십니다.

    차가 단순한 '마실거리'였다면 아마 다도라는 말은 없었을 것입니다. 차를 마시면서 도道의 경지를 이야기할 수 있다는 의미가 어디엔가 있어서 '다도'라는 단어가 생겨나지 않았을까요? 초의스님은 『다신전』에서 이렇게 말합니다.

차 마실 때 손님이 적어야 귀하다 한다.

손이 많으면 시끄럽고, 시끄러우면 아취가 모자란다.

홀로 마시면 신령스럽다.

飲茶以客少爲貴. 客衆則喧, 喧則雅趣乏矣. 獨啜日神.

차를 마실 때는 손님이 적어야 귀하고, 홀로 마실 때 신의 경지에 이른다고 하고 있습니다. 차를 우리는 과정에 집중하고, 차의 성분과 효능의 작용으로 차를 마시면서 마음을 가라앉히고 생각을 정리하게 됩니다. 나아가 고요한 명상과 사색으로 보다 높은 경지境地에 다다를 수 있음을 이야기하는 것이 아닐까 합니다.

다도라는 단어가 부담스럽기도 합니다. 하지만 격식을 갖춘 찻자리에서 차를 마시며 조용히 내 마음을 들여다보고 무엇인가를 깨닫는 계기가 된다면 그게 곧 다도가 아닐런지요.

어렵고 난해한 다도가 아니라, 우리의 일상에서도 차의 정신과 교훈은 얼마든지 값진 역할을 해낼 수 있습니다. 예컨대 어려운 결단과 결정을 앞두고 있다면 이렇게 해보세요.

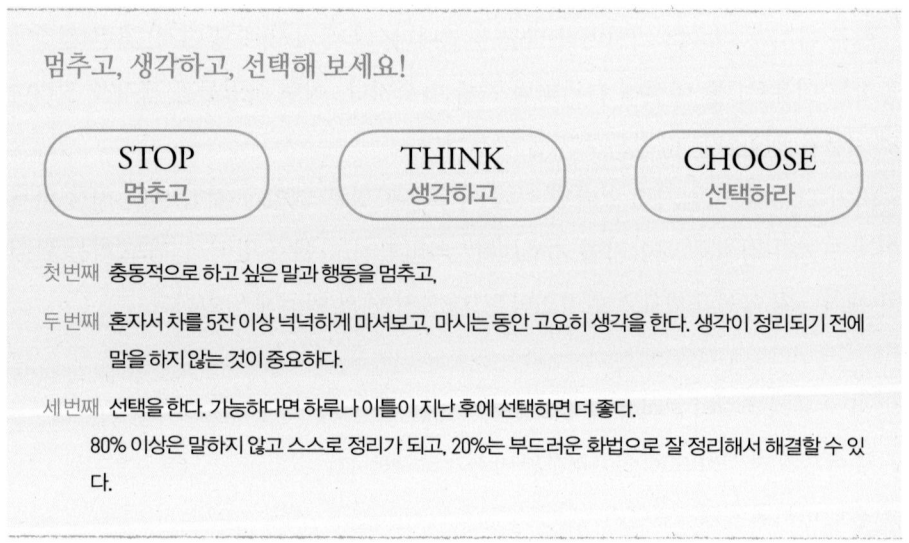

멈추고, 생각하고, 선택해 보세요!

| STOP 멈추고 | THINK 생각하고 | CHOOSE 선택하라 |

첫 번째 충동적으로 하고 싶은 말과 행동을 멈추고,

두 번째 혼자서 차를 5잔 이상 넉넉하게 마셔보고, 마시는 동안 고요히 생각을 한다. 생각이 정리되기 전에 말을 하지 않는 것이 중요하다.

세 번째 선택을 한다. 가능하다면 하루나 이틀이 지난 후에 선택하면 더 좋다.

80% 이상은 말하지 않고 스스로 정리가 되고, 20%는 부드러운 화법으로 잘 정리해서 해결할 수 있다.

항상 바쁘고 해결해야 될 문제가 끊이지 않는 현대인은 스트레스로 지친 생활을 하게 됩니다. 필자는 화가 나거나 여러 걱정거리가 있을 때 일단 멈추고, 차를 마시며 생각하고, 알맞은 선택을 합니다. 내 마음이 불편하면 상황이나 상대방에 대해서도 부정적일 수밖에 없습니다. 차 한 잔 차분히 마시는 시간을 통해 불편한 마음이 사라지고 생각의 여유를 되찾을 수 있다면 차 마시는 시간을 마련해 볼 이유가 충분하지 않을까요?

한 잔, 두 잔 마시다 보면 어느 새 편한 마음이 되어 있을 것입니다. 여러분도 차를 마시면서 내 마음을 들여다보는 시간을 가져보면 어떨까요?

94

한국형 티 브레이크도 있나요?

다양한 국제행사에 참가하기 위해 전 세계의 사람들이 한국을 방문합니다. 차를 공부하고 아름다운 차문화를 널리 알리고자 하는 차인에게 우리 고유한 차문화를 통해 한국에 대한 좋은 이미지를 심어주는 일은 아주 중요한 사명 중 하나입니다. 단순히 차를 내고, 다식을 대접하는 것에 그치지 말고 우리 고유의 전통을 느낄 수 있는 공간을 제공하고 세계인에게 한국 차문화를 알릴 수 있는 방법으로 한국형 티 브레이크를 제안합니다.

커피와 과자로 제한되는 색깔 없는 티 브레이크에서 벗어나 우리나라에서 생산된 녹차, 전통차와 한국의 특색을 살린 다식을 소개하고 나누는 자리가 바로 한국형 티 브레이크라고 봅니다. 대한민국은 다양한 영역의 국제행사가 끊임없이 개최되어 세계 각국에서 많은 사람들이 행사에 참여하기 위하여 모여드는 곳입니다. 필자는 제주에서 개최되는 각종 행사에 참가해 제주에서만 맛볼 수 있는 티 브레이크를 제공하기 위해 JTTBJeju Traditional Tea Break 프로그램을 개발해 운영하고 있습

니다. 제주에서 재배하고 만들어낸 녹차와 자생하는 재료로 만들어지는 여러 종류의 전통차, 특산품을 이용하여 만드는 다식을 개발하여 제주의 자연을 테이블 위에서 펼쳐 보이고 있습니다.

다양한 식물들은 자연의 아름다움을 넘어서 맛있고 건강에도 좋은 차의 재료가 됩니다. 색깔과 향이 좋은 생화는 그대로 사용하기도 하고, 찌거나 말리고 덖는 등 여러 가지 방법으로 가공하여 차로 만듭니다. 차의 재료는 예로부터 한약재로 쓰인 목련, 감국, 인동꽃, 꾸지뽕잎 등 다양합니다. 모두 독특한 맛과 향을 가지며 오랜 세월에 걸쳐 입증된 성분은 건강상 이점이 많이 있습니다.

제주 특산차의 효능

- **목련꽃** 목련의 꽃봉오리를 신이辛夷라고 하여 약으로 쓴다. 신이라는 이름은 약간 매운 맛이 난다고 하여 붙여진 것으로, 콧병에는 신이가 최고의 약으로 알려져 씨, 뿌리, 나무껍질, 잎 등을 모두 약으로 쓴다. 따뜻한 성질로 맛은 맵고, 담을 없애고, 폐를 이롭게 하여, 기를 조화롭게 하기 때문에 겨울감기, 두통, 축농증, 코막힘 등에 염증을 가라앉히고 호흡을 원활하게 하며, 집중력 떨어지는 것을 예방한다.

- **감국** 감국이라는 이름은 '단맛이 나는 국화'라는 뜻으로 보통 차로 마시고 약으로 쓸 수 있다는 뜻을 담고 있다. 한방에서는 감국의 꽃을 두통약으로 쓰고, 오장의 맥을 잘 통하도록 하며 두통과 어지럼증을 다스린다는 기록이 있다.

- **인동꽃** 인동 또는 겨우살이 덩굴이라 부르고, 약성도 뛰어나 약용 범위도 넓고, 줄기, 잎, 꽃, 때로는 뿌리까지 약으로 쓸 수 있으므로 버릴 것이 하나도 없다. 피부병이나 화상에 좋은 약재로 쓰며, 욕창, 옴, 이질, 감기로 인한 열병, 연주창에 약으로 사용한다. 이소시드, 사포닌 등이 있어 폐렴균, 포도알균을 비롯한 균들에 대한 억제작용과 염증을 가라앉히는 작용을 하고, 해독작용이 강하고 이뇨와 미용 효과가 있다.

- **꾸지뽕잎** 고혈압, 당뇨와 자궁암, 냉증, 관절염, 신경통 등 여성들의 질병에 성약聖藥이라고 한다. 어혈을 없애고 이뇨작용으로 염증을 제거하며, 항암 효과가 높아 소화기관의 암에 주로 쓰이며 폐암, 간암 환자에게도 사용되고 있다.

특히 청정 제주의 특산물인 감귤, 금귤, 표고버섯, 선인장, 고구마, 보리, 좁쌀, 메밀 등으로 만들어진 정과, 떡 종류의 다식은 티 브레이크 부스를 방문하는 방문객들로부터 새롭고 이색적이라는 평가를 받고 있습니다. 전 해에 부스를 방문했던 행사 참여자가 차와 다식에 대한 좋은 기억을 가지고 다음 해에 다시 찾아오는 사례를 보며 의미와 보람을 느낍니다. 차인으로서 제주의 차문화 나아가 대한민국의 차문화에 대한 긍지를 느끼며, 앞으로 국제행사를 위해 우리가 해야 할 일을 끊임없이 연구하고 개발하고 있습니다.

차 한 잔과 소박한 다식으로 한국의 일상적 아름다움을 보여줄 수 있는 한국형 티 브레이크를 기억해 주세요.

95

차를 마시면 저절로
생각이 깊어질까요?

차생활을 하게 되면 마음이 안정되고, 깊게 생각할 시간을 갖게 됩니다. 깊이 생각하고 행동하고 말을 하다 보면 자연히 실수는 줄어듭니다. 죄인에게 참형과 같은 중죄를 판결하기 전에 왕과 관료들이 함께 다례의식을 행하여 보다 공정하고 신중한 판결을 내릴 수 있도록 하는 제도를 중형주대의重刑奏對儀라고 합니다.『고려사』에 적힌 내용을 보면 왕이 죄인에게 참형을 내리기 전에 신하들과 모여 형을 낮출 것을 마지막으로 검토할 때 차를 마시면서 치우침 없이 신중하고 정의로운 판결을 내리고자 했음을 알 수 있습니다.

중형주대의 중형에 대한 처결을 보고하는 의례

다방茶房의 참상관參上官이 엮문으로 들어와 차를 올리면 7품 내시內侍가 뚜껑을 열어준다. 집례는 전殿 위로 올라가 전면의 기둥 밖에서 국왕을 향해 절을 하고 차를 권한 후 차를 내려놓고 전에서 내려간다. 그 다음, 8품 이하의 원방院房이 재추宰樞에게 차를 올리면, 집례는 다시 전 위로 올라가 엎드렸다가 재추들 을 향해 차를 들기를 청하고 나간다. 그다음, 단필을 맡은 관리와 주대를 맡은 관리가 들어와 형량을 아뢰 면 단필로 참형의 판결을 삭제하고 감형해 유인도로 유배 보내는 결정을 내린다.

茶房条上員, 從夾戶入, 進茶, 內侍七品員去盖子, 執禮上殿, 前楹外面拜, 勸茶, 放後下殿, 次, 院 房八品以下, 進宰樞茶, 執禮又上殿, 伏面請茶出, 次, 丹筆奏對員入奏, 丹筆制斬決, 除入有人島.

사헌부의 다시茶時와 야다시夜茶時 夜茶時

조선시대 사헌부의 관원들이 날마다 한 번씩 다시청茶時廳에 모여 차를 마시면서 중요한 공사를 의논하 던 일을 말한다. 낮에 모이는 것은 다시라 하고, 밤에 모이는 것은 야다시라 한다.

사헌부에서 판결을 내리기 전에 차를 마신 이유는 차의 정신적인 효능을 통해 생각을 맑게 하여 공정한 판결을 하려는 조상들의 지혜였습니다.

오늘날에도 차의 정신적인 효능을 적극 활용하는 법조인을 볼 수 있습니다.

강민구 판사의 차 이야기

법조인에게 차 마시는 것은 아주 좋은 습관입니다. 차는 오래 전부터 사람의 마음을 정갈하게 하고, 인격 을 다스리는 중요한 요소로 사람을 '심리적 무장해제'시켜서 다소 격상된 감정을 편안하게 해주는 역할로 재판에도 응용됩니다. 재판장의 어떤 말도 듣지 않으려는 '빗장수비'의 마음이 차를 함께 나누는 여유를 통해 상대방 입장이나 이야기에 대해 서서히 열리는 상태로 변화하고, 분위기가 무르익으면 적절한 조정 안을 제시해 대법원까지 가야 하는 송사를 마음의 평정을 찾아 마무리 짓도록 도와줍니다. 결과적으로 당 사자 모두가 이익을 얻게 되는 셈이지요.

차를 마시면 머리를 맑게 해준다는 약리적인 효능도 기대할 수 있지만, 차 한 잔 나누는 과정을 통해 마음의 평정심과 여유를 찾고 문제의 본질을 선명하게 볼 수 있습니다. 오늘날 우리에게 절실하게 필요한 덕목 중 하나가 아닐까 합니다. 성급한 판단을 줄이기 위해 차 마시는 작은 습관을 가져보면 어떨까요? 실수가 줄어들 것입니다.

96

차를 마시며 아이들이
인성과 예절을 배운다고요?

요즘 아이들은 차보다는 인스턴트 음료를 많이 마십니다. 차생활을 한다면 아이들의 건강은 물론 올바른 예절생활에도 도움이 될 것입니다. 필자는 2000년부터 2012년까지 제주특별자치도내에 있는 어린이집과 유치원에서 다도교육을 통한 인성교육 프로그램을 운영하였습니다. 그 결과 차생활 교육을 함으로써 올바른 인성 형성과 예절 습득뿐만 아니라 건강에 좋은 차를 유아기부터 마시는 습관형성에도 도움이 된다는 사실을 아이들의 행동 변화를 통해, 그리고 선생님들과 부모님들의 긍정적인 피드백을 통해 확인할 수 있었습니다.

예절이란 일회성이 아닌 습관으로 형성되는 것이 중요하기 때문에 자연스럽게 베어 나오려면 실습을 통한 체험교육이 중요합니다. 이론을 통해 실습 없이 하는 전달식 수업은 아이들의 행동 변화 효과가 적은 반면, 준비된 차도구를 눈으로 보고 직접 사용하며 친구들과 서로 나누는 과정을 체험하도록 하는 교육은 그 효과를 눈으로 확인할 수 있었습니다.

차를 통한 인성교육 효과

- 절을 할 줄 알고, 바르게 서고 걷고 앉는 법을 익히며, 이것이 몸에 밴다.

- 찻물이 잘 우러나오길 기다리고 조심스럽게 찻잔에 따라 친구들을 대접하고 천천히 그 맛을 음미하며 기다리는 법과 남을 위하는 마음을 배운다.

- 다례 실기를 통해 집중력과 주의력을 기르게 하며, 행위를 순서대로 익힘으로써 질서를 익히고 자신감과 성취 욕구가 발달된다.

- 차도구를 소중히 다루며 눈으로 차의 색을 감상하고, 코로는 차의 향기를 맡으며, 입으로는 차의 맛을 즐기고, 친구들과 어울리는 찻자리는 감정과 욕구를 절제하여 안정적 성격을 형성한다.

차의 기원, 물의 온도, 녹차 맛에 대한 평가, 차를 우리는 법, 차의 효능, 바르게 차를 대접하고 마시는 방법 등 어린이들이 받아들이기 다소 어렵지 않을까 우려되는 교육 내용도 유아들은 오히려 더 잘 받아들이고 기억합니다. 또한 한복이나 차도구의 명칭 등과 같은 낯선 지식도 호기심을 가지고 알아가는 모습이 흥미로웠습니다. 예절이나 인성은 하루아침에 만들어지지 않습니다. 차를 통한 인성교육으로 아이들의 올바른 행동습관이 천천히, 천천히 몸에 배어들었으면 합니다.

97

차 명상은 어떻게 하는 건가요?

명상은 뇌에 해독제와 같은 역할을 합니다. 명상은 나 자신을 내려놓고, 과거는 그저 기억이고 미래는 단지 생각일 뿐이라는 것을 깨닫게 하며, 오직 현재만이 존재하는 곳으로 깊이 들어갈 수 있게 해줍니다. 명상을 통해 내 몸과 마음의 소리에 귀 기울임으로써 스트레스를 줄이고 집중력을 향상시키며 심지어 신체적인 기능까지 향상시킬 수 있다고 전문가들은 이야기합니다.

차를 통한 가장 쉽고 깊은 명상법

들숨과 날숨에 집중하기, 온전히 알아차리기, 음악을 듣거나 한 곳을 응시하기 등 명상하는 방법은 다양합니다. 그중 하나로, 차를 준비하고 차의 향과 차의 맛을 음미하는 동안 호흡을 가다듬고 내면에 집중하는 방법이 있습니다. 명상이라는 추상적인 행동이 차라는 도구를 이용함으로써 덜 부담스럽게 느껴질 수 있습니다. 과정을 한 번 따라해 보세요. 곧 자신만의 좋은 방법이 생깁니다. 차는 어떤 차를 선택해도 상관없습니다. 가장 좋아하는 차도 좋고, 하루하루 다른 차로 명상하는 것도 좋습니다. 그럼 구체적으로 차 명상은 어떻게 하는 걸까요?

차 명상, 이렇게 해보세요!

지금 이 공간에는 여러분의 정성스러움으로 우려진 차의 향기가 가득하다. 이 맑은 향기가 여러분 마음의 향으로 거듭날 수 있도록 잠시 명상의 시간을 가져보고자 한다.

- 찻잔에 차를 따른다.
- 허리를 쭉 펴고, 편안한 자세로 부드럽게 숨을 들이쉬고 내쉬기를 2회 정도 반복한다.
- 찻잔을 들어 두 손으로 감싸 쥔다. 가장 편안하고 포근하다고 느끼는 위치에 잔의 자리를 정한다.
- 눈을 지그시 감고 마음으로 잔을 잠시 바라본다.
- 손에 쥔 찻잔의 따뜻한 질감, 형태, 무게 등을 느껴본다.
- 잔에 의식이 집중되면 부드럽게 호흡한다. 들이쉬고, 내쉬기를 천천히 반복한다.
- 잔을 들어 입술 가까이 가져가서 입술이 잔에 닿는 느낌, 풍겨오는 향기를 의식한다.
- 차를 한 모금 마시고 온몸에 차향기가 가득하도록 숨을 들이쉬고 내쉰다.
- 다시 한 번 차를 마시고 들이쉬고, 내쉰다.
- 찻잔을 내려놓는다. 차 향기가 내 몸에서 일어나서 몸 전체를 감싼다고 상상한다.
- 이렇게 여러분의 온 몸과 마음을 차 향기가 정화한다.
- 맑은 차향기로 가득한 마음이 늘 평안하고 행복하기를 기원한다.
- 그리고 기원한다. 이 맑은 향기가 여러분이 사랑하는 사람들에게 퍼져 나가기를, 모두 평안하고 행복하기를….
- 천천히 눈을 뜨고 자세를 바로한다.

자신에게 차 한 잔을 우려 대접하는 행위 그 자체가 명상입니다. 심사숙고하여 마시고자 하는 차와 사용할 다기를 고를 때, 적당한 온도로 물을 끓이고 알맞은 비율의 찻잎과 우려낼 물을 계량할 때, 우려내는 차가 마시기 완벽한 순간에 도달하기를 기다릴 때, 우려진 차에 온전히 집중하여 그 맛과 향을 음미하는 매 단계가 이미 명상의 과정입니다.

다른 모든 것을 내려 놓고 오직 차와 만나는 과정 동안 내면 가장 깊숙한 곳의 자신과 마주하여 편안하고 순수한 모습의 나를 발견하는 기쁨을 느낄 수 있을 겁니다.

분주한 일상 속에서도 한 잔의 차 명상을 통해 평안함과 정리된 마음을 느끼는 시간을 가져보면 어떨까요?

98

다식 말고 차음식이
또 따로 있나요?

세계 여러 나라에서는 다양한 방법으로 차를 요리에 활용합니다. 차음식은 차를 물 대신 넣거나 물과 섞어서 요리에 이용하는 것을 말하며, 차는 음식의 풍미를 더합니다. 티베트에서는 보이차, 물, 소금을 넣고 끓여 졸인 뒤 야크버터를 섞어 버터차를 만들어, 그대로 차로 마시거나 버터차에 보릿가루를 넣고 반죽한 참파 tsampa라고 부르는 음식을 만듭니다. 미얀마에서는 샐러드 요리에 찻잎을 따서 넣고, 일본에서는 밥을 지을 때 차를 넣기도 합니다.

음식 재료로 차를 사용하기 전에 여러 가지 차의 맛을 보고, 만들려고 하는 음식에 어떤 차가 좋은지를 결정해서 음식 맛에 좋은 영향을 미칠 수 있게 고려해 사용하면 좋습니다.

그렇다면 보다 구체적으로 어떤 차음식들이 있을까요? 간단한 레시피를 공개합니다.

녹차를 활용한 다양한 레시피

•차밥

재료(2~4인분) : 녹차 6g (또는 말차 4g), 불린 쌀 3½컵, 불린 현미찹쌀 1/2컵, 물 4½컵, 간장 2큰술, 고춧가루 ½큰술, 참기름, 깨소금.

방법 : 쌀을 씻고 밥 물 대신 우린 찻물로 차 밥을 짓는다. 말차를 이용할 경우 밥이 다된 후에 말차를 넣어 녹차 밥을 완성하고 양념장을 곁들여 낸다.

•녹차나물

찻물을 우려내고 남은 찻잎의 물기를 짜고 소금, 깨소금, 참기름을 넣고 무쳐서 녹차나물을 만든다.

•녹차달걀말이

달걀말이나 달걀음식을 할 때 우려낸 차와 찻잎을 함께 넣고 거품을 낸 후 팬에 지져낸다. 달걀의 비릿한 맛을 없애주고, 찻잎의 쌉쌀한 맛이 달걀의 고소한 맛과 어울린다.

•녹차송편

쌀가루에 말차를 넣고 익반죽해서 녹차송편을 만들면 초록색의 떡이 된다.

•녹차라면

라면 끓일 때 녹차 티백 하나를 넣어주면 맛을 담백하게 해 준다.

Tip 1 육류나 가금류를 재울 때 차 농축액에 재운 다음 그릴이나 프라이팬에 구우면, 고기에 은은한 차맛이 스며들고 기름기가 줄어들어 건강한 맛을 느끼게 한다.

Tip 2 말차를 조리할 가루(쌀가루, 밀가루, 부침가루 등)에 넣어서 사용할 때는 눈으로 봤을 때 '좀 연하다'로 기억한다. 열을 가해 찌거나 익히면 색은 더욱 진해지기 때문이다.

맛있는 요리에 차가 좋은 이유

- 차에는 섬유소가 많이 함유되어 장운동을 활발하게 해 소화에 도움이 된다.
- 기름기를 줄여줄 뿐만 아니라 냄새 제거에도 도움이 되어 음식 맛이 깔끔하다.
- 체내의 중성지방이나 콜레스테롤을 체외로 배출해 주기 때문에 다이어트에 도움이 된다.

맛있는 요리에 차는 건강에 도움을 줄 뿐만 아니라 오감으로 맛을 즐길 수 있는 즐거움과 행복을 줍니다. 찻잎과 차탕은 스프나 고기를 삶을 때, 재료를 찌거나 쌀 요리를 할 때도 다양하게 사용합니다. 음식에 넣을 때는 끓이면 더 진해지는 것을 기억하면 좋겠습니다. 차를 너무 많이 넣어서 지나치게 진한 색이 되거나 부자연스러워져서 음식의 풍미가 떨이지면 안 되겠죠?

99

차인으로서 삼가야 할
행동이 있나요?

원만하고 만족스럽게 더불어 살아가는 데 반드시 필요한 행동 규범을 예절이라고 합니다. 예절은 상대방을 존중하고 있다는 나의 마음을 행동이나 태도, 표정, 언어 등으로 표현하거나 혹은 삼가는 모습으로 보여줍니다. 예절을 생활화한다는 것이 말과 생각처럼 쉬운 일은 아니기 때문에, 덕목을 되새기고 실천하려는 노력이 필요합니다.

예로부터 선인들은 차를 그저 마실거리로만 생각하지 않았습니다. 공경하는 마음과 격식을 갖추어서 조상께, 종교적 대상에게, 상대방에게, 심지어는 자기 자신에게조차 예를 다해 준비하여 대접했습니다. 차를 준비하고 마시며 자신의 모습을 살펴보고, 차의 본성처럼 맑고 밝은 정신으로 바르게 행동하기 위해 '노력해야 한다' 여겼습니다.

차에 대한 관심이 높아지고 차 생활을 즐기는 사람들이 많아지며 차나 행다례에 대하여 함께 공부하고 널리 알리려는 단체와 개인이 늘어나고 있습니다. 지친 몸과 마음을 잠시 달래며 주변과 자신을 돌아볼 기회를 가질 수 있는 바람직한 모습입니다. 나와는 다른 생각과 행동방식을 가진 상대방이나 다른 단체의 특성을 이해하고 존중하는 태도가 이루어지도록 노력하면 진정한 차인으로서의 품격이 차향처럼 배어 나오지 않을까요?

드러나는 형식적인 태도가 마음으로부터 시작되는 것이라면 외형적인 격식보다 내면에서 우러나는 존중과 겸양이 우선일 겁니다. 그러니 차의 맛과 향에 어울릴만한 따뜻한 마음을 담아, 먼저 자신에게 정성껏 우려낸 차 한 잔을 내어보는 건 어떨까요. 차인으로서의 예절과 다도로 가는 첫걸음이 그렇게 시작될 수 있습니다.

차인으로서 삼가야 할 행동

- 자기 차생활(다법)만 옳다고 주장하지 않는다.
- 차 마시는 것을 큰 자랑으로 여기지 않는다.
- 차 마시는데 소란스럽게 말을 많이 하지 않는다.
- 남의 차는 업신여기고, 자기 차만 좋다고 하지 않는다.
- 남의 잘못을 하나하나 지적하지 않는다.
- 남 앞에 뽐내고 군림하지 않는다.
- 얄팍한 지식으로 천하를 다 아는 듯이 으스대지 않는다.
- 때와 장소를 모르고 끼어들고 참견하지 않는다.
- 차 관련 글로써 남과 시비하고 다투기를 일삼지 않는다.
- 허위와 거짓을 진실인 양 왜곡하지 않는다.
- 한 가지 잘못을 보고 열 가지 모두가 다 틀렸다고 미루어 짐작하지 않는다.

| 참고문헌 |

• 『論語』

• 『高麗史』

• 『東醫寶鑑』

• 『城步鄕土志』

• 『한국민족문화대백과사전』

• 강현숙, 『일본의 전다도』, 조율, 2010.

• 김경우, 『골동보이차의 이해』, 티웰, 2017.

• 김대성, 『초의선사의 동다송』, 동아일보사, 2004.

• 김동현, 『茶器작은 공간의 미학』, 차와 사람, 2008.

• 김명배, 『중국의 다도』, 명문당, 2007.

• 김영경, 『녹차가 내 몸을 살린다』, 한언, 2006.

• 김영숙, 『中國의 茶와 藝』, 김영숙, 2006.

• 김종태, 『차의 과학과 문화』, 도서출판 보림사, 1996.

• 김진숙, 『중국 차문화 다경』, 국학자료원, 2009.

• 리사 리처드슨(공민희 옮김), 『티 소믈리에가 알려주는 차 상식사전』, 길벗, 2016.

• 린다 게일러드(최가영 옮김), 『THE TEA BOOK』, 시그마북스, 2016.

• 마리아 유스펜스키(강동혁 옮김), 『암은 차를 싫어해』, 들녘, 2018.

• 맹번정박미애, 『무이암차』, 이른아침, 2007.

• 문기영, 『홍차수업』, 글항아리, 2014.

• 민태영 외, 『경전속의 불교식물』, 이담북스, 2011.

• 박기봉, 『다정의 티 스케치』, 무량수, 2015.

• 박광순, 『홍차 이야기』, 다지리, 2004.

• 박영환, 『중국의 차문화』, 문현, 2013.

• 박영환, 『명산 명사에서 명차가 난다』, 문현, 2011.

• 손연숙, 『차문화 기행』, 이른아침, 2008.

• 아사카와 다쿠미(심우성 옮김), 『조선의 소반 조선도자명고』, 학고재, 2012.

• 양소희, 『ENJOY 타이완』, 넥서스, 2017.

• 양승, 『약선식품동의보감』, 세계중탕약선연구소, 2010.

- 楊凱 외(朴鎔模 옮김), 『실전 보이차』, 한솜미디어, 2010.
- 叶羽晴川(朴鎔模 옮김), 『工夫茶』, 한솜미디어, 2005.
- 叶羽晴川(朴鎔模 옮김), 『普洱茶』, 한솜미디어, 2005.
- 예한燮황바이쯔(김혜숙 옮김), 『봉황단총』, 티웰, 2011.
- 윤경혁, 『차문화 고전』, 홍익재, 2006.
- 이소부치 다케시(강승희 옮김), 『홍차의 세계사 그림으로 읽다』, 글항아리, 2005.
- 이연정, 「유아다도교육프로그램의 개발 연구」, 성신여자대학교 문화산업대학원, 2004.
- 이유진, 『오후 4시 홍차에 빠지다』, 넥서스, 2011.
- 이주향, 「朝鮮時代 茶文化와 茶服 研究」, 성신여자대학교 문화산업대학원, 2002.
- 재단법인 곤니치안(今日庵, 박민정 옮김), 『일본다도의 이론과 실기』, 월간다도, 2004.
- 정소암, 『잭살학 개론』, 좋은땅, 2023.
- 정헌구, 「터키 홍차 문화와 차도구의 특이성」, 『한국예다학』 제2호, 2016.
- 주영애 외, 『세계의 차문화』, 성신여자대학교 출판부, 2011.
- 짱유화, 『보이차 짱유화에게 묻다』, 국차미디어, 2011.
- 천종은 외, 『名茶 만들기』, 한솜미디어, 2009.
- 초의 장의순(김두만 역), 『東茶頌茶神傳』, 태평양박물관, 1982.
- 최배영 외, 『인간관계와 매너의 첫걸음』, 이담북스, 2011.
- 최성민, 『차 만드는 사람들』, 김영사, 2004.
- 최진영, 「寒齊 李穆의 茶精神 研究 ―『茶賦』를 중심으로―」, 성신여자대학교 문화산업대학원, 2003.
- 최진영, "우리에게도 차를 이르는 글자가 있다", 《Tea & People》 창간호, 2003.
- 최진영, 「東茶意識의 形成과 展開에 관한 研究」, 성신여자대학교 대학원, 2013.
- 하보숙 외, 『홍차의 거의 모든 것』, 열린세상, 2014.
- 한라식물사랑회, 「머체왓의 풀과 나무 이야기」, 《한라식물》 제10호, 2013.
- 헬렌 세이버리(이지윤 옮김), 『차의 지구사』, 휴머니스트, 2015.

- 沈培和, 『中國茶文化』, 上海文化出版社, 1992.
- 成美堂出版編集部, 『紅茶の事典』, 成美堂出版, 2007.
- 陳宗懋, 『中國茶經』, 上海文化出版社, 2002.
- 中國茶叶博物館, 『品茶說茶』, 東方出版社, 2013.
- Chan Kam Pong, 『Chinese Puerh Tea』, WU-SHING BOOKS, 2006.

- "차잎 생산", 《조선》 2009년 9월호.

- "中, 판다 배설물로 차(茶) 제조", 《헤럴드경제》 2011년 11월 14일.

- "차 한잔의 여유", 《법률신문》 2013년 6월 5일.

- "北 김정일 유훈 중 하나는 은정차", 《통일뉴스》 2015년 4월 24일.

- "지구 온난화로 북상하는 농작물", 《YTN》 2017년 6월 30일.

- "What is kombucha and how do the health claims stack up?", 《the conversation》 2018년 1월 23일.

- "남한 최초로 북한 녹차를 마시다", 《불교닷컴》 2018년 5월 14일.

- "북한에서 녹차가 생산된다고?", 《혜문닷컴》 2018년 5월 14일.

- "문화재제자리찾기, 北 녹차 반입… 부처님 오신 날 공양", 《연합뉴스》 2018년 5월 15일.

- "숙취해소에 좋은 음식음료", 《공감신문》 2018년 11월 30일.

- "백운옥판차 이야기", 《차의 세계》 2006년 12월호.

- "전라남도농업기술원, 숙취음료 개발 이야기", 《월간 원예》 2018년 1월호.

- Daum 사전(dic.daum.net)

- NAVER 사전(dict.naver.com)

- 국가생물종지식정보시스템(www.nature.go.kr)

- 관세법률정보포털(unipass.customs.go.kr)

- www.baidu.com

- www.beijingdaily.com.cn

- www.cabi.org/isc/datasheet/20862

- www.charlestonteaplantation.com

- www.harney.com

- www.sciencedaily.com

- tregothnan.co.uk

- tw.news.yahoo.com

- journals.plos.org/plosone/article

차에 관한 99가지 질문과 답변

구구절절 차 이야기

초판 1쇄 발행 2019년 3월 30일
초판 5쇄 발행 2025년 4월 20일

지은이 | 최진영 · 이주향 · 이연정
펴낸이 | 김환기
편 집 | 구민서
디자인 | 이현정
펴낸곳 | 도서출판 이른아침

주소 | 경기도 고양시 덕양구 삼원로 63 고양아크비즈 927호
전화 | 031-908-7995
팩스 | 070-4758-0887
출판등록 | 제313-2003-00324호
이메일 | booksorie@naver.com

ISBN 978-89-6745-087-8(03810)